GLÓRIA LEITE

SAUERKRAUT
ODER
CHUCRUTE

WAS DENKEN DIE BRASILIANER
ÜBER
DIE DEUTSCHEN?

GLÓRIA LEITE

SAUERKRAUT ODER CHUCRUTE

WAS DENKEN DIE BRASILIANER
ÜBER
DIE DEUTSCHEN?

Von der Autorin bereits erschienen:

1. Welch ein Wurm!? Politische Satire (2006)
2. Wir spielen und kiffen, was sonst? Politische Satire (2010)
3. Mein lieber Herr Mann! – Eine Brasilianerin in Deutschland erzählt (2011)

Autorin

Glória Leite wurde in Brasilien geboren, studierte Geschichte an der Universität des Bundesstaats Rio de Janeiro und verbrachte anschließend zwei Jahre in den USA. Seit 1992 lebt sie in Deutschland.

Für Linda

Bibliografische Information der Deutschen Bibliothek
Die Deutsche Bibliothek verzeichnet diese Publikation in der Deutschen
Nationalbibliographie:
Detaillierte bibliographische Daten sind im Internet über
Dnb.d44nb.de abrufbar.

Vollständige Taschenausgabe
Alle Rechte vorbehalten
Copyright © 2015 Glória Leite
Lektorat: Dr. Thomas Pohl
Herstellung und Verlag: Books on Demand GmbH
Norderstedt
Printed in Germany
ISBN: 9783738620405

Inhalt

Vorwort 9

Was bedeutet es, deutsch zu sein? 14

Sind die Deutschen anders als die Brasilianer? 18

Márcia Haydée – Primaballerina des Stuttgarter Balletts 35

Miriam Etz trug den ersten Bikini in Brasilien 37

Beziehung zwischen den Ländern 39

Typisches brasilianisches Essen 55

Kurze Memoiren 56

Kurze Geschichten 62

Julia da Silva Bruhns 78

Silvia Sommerlath 80

Erfahrungen von Deutschen in Brasilien 81

Olga Benario-Prestes 89

Antônio Manuel Lima Dias – Maler 93

Erfahrungen von Brasilianern in Deutschland 95

Lieben die Brasilianer Deutschland? 122

Vorwort

Seit 2003 sind die Brasilianer besonders stolz auf ihr Land, darauf, was sie in so kurzer Zeit primär im sozialen und wirtschaftlichen Bereich erreicht haben.

Aber es ist nicht immer so gewesen.

Früher bekamen sie ständig zu hören, dass Brasilien kein Geld für grundlegende Ausgaben habe. Geschweige denn für so etwas wie Bildung oder die Armutsbekämpfung. Die damaligen Präsidenten und Politiker haben ihnen eingeredet, dass das, was sie hatten, genug wäre, um zurechtzukommen.

Glücklicherweise haben nicht alle an diese Märchen geglaubt. Nach drei gescheiterten Versuchen gewann 2002 der Kandidat der Arbeitspartei (PT – Partido dos Trabalhadores) Luiz Inácio Lula da Silva die Präsidentenwahl, nach zwei Amtsperioden wurde Dilma Rousseff zu seiner Nachfolgerin.

Innerhalb von zehn Jahren entwickelte sich Brasilien von der elft- zur sechstgrößten Wirtschaft der Welt – und brachte nicht nur das Bruttoinlandsprodukt nach oben. Mit der neuen Sozialpolitik stiegen vierzig Millionen Menschen zur Mittelklasse auf, und weitere fünfundzwanzig Millionen überwanden die Armut. Und das alles in einem Universum von bald zweihundert Millionen Menschen. Die brasilianischen Einkommen steigen seitdem weiter an, während die soziale Ungleichheit sinkt. Die wirtschaftliche Stabilität und die geringe Inflation sind fast als Wunder zu betrachten. Alle fragen sich, wie Lula da Silva dieses ›Mirakel‹ geschaffen hat. Der damalige Präsident antwortet darauf, das brasilianische Volk und eine gute Regierungsmannschaft hätten das geschafft.

Den ersten Gipfel erreichte das südamerikanische Land mit der Fußball-Weltmeisterschaft 2014, einen noch höheren wird es mit der Olympiade 2016 erreichen.

Selbstverständlich gibt es immer noch viel zu tun. Die Brasilianer wissen das. Allerdings wissen sie auch, welche Richtung sie jetzt einschlagen sollten, um ihren harten und dennoch herzlichen – ja, die Brasilianer sind herzlich – Weg weiterzugehen.

Die Welt beobachtet mit großen Augen, was dort passiert. Die traditionellen starken Partner USA und Europäische Union haben noch nicht verinnerlicht, dass ihnen nicht mehr das Hauptinteresse Brasiliens gilt, sondern dass sie nur noch wichtige Handelspartner wie alle anderen sind. Das trifft insbesondere auf Deutschland zu, das lange Zeit geschäftlicher Freund war – man sagt allerdings, Länder haben keine echten Freunde, aber Interessen.

Ein Exempel für die gute geschäftliche Beziehung zwischen Brasilien und Deutschland sind die enormen deutschen industriellen Investitionen in São Paulo. Ein anderes ist die ehemalige deutsche Emigration nach Brasilien mit inzwischen Millionen von deutschstämmigen Nachkommen im Süden des Landes.

Diese guten Beziehungen bedeuten jedoch nicht, dass sie für alle anderen Bereiche als Modell dienen. In der politischen Sphäre der ehemaligen CDU/CSU/FDP-Koalition unter Kanzlerin Angela Merkel nahm Deutschland Brasilien nicht als strategischen Partner wahr.

Ist das schlecht für Brasilien?

Angeblich nicht.

Brasilien ist nicht mehr das Land, das der deutschsprachige

Schriftsteller Stephan Zweig mit einem seiner Buchtitel ›Ein Land der Zukunft‹ genannt hat. Brasilien und sein Volk wollen nicht mehr auf die ferne Zukunft warten, sondern hier und jetzt von seinem Reichtum profitieren. Das brasilianische kämpferische Volk will im Land der Gegenwart atmen.

Ist das schlecht für Deutschland?

Nicht unbedingt.

Seit Langem ist Deutschland für seine hochqualifiziert ausgebildeten Bürger bekannt. Viele Erfinder des zwanzigsten Jahrhunderts sind Deutsche. Die moderne Philosophie hat in deutschem Boden ihre Wurzeln. Die Deutschen haben einen hohen Lebensstandard erreicht. Und mit ihrer Hauptaktivität, dem Exporthandel, sind sie an der Weltspitze. Aber reicht das aus für ein Land, um sich an der Spitze zu halten? Bis zum letzten Jahrhundert hat das ausgereicht, heutzutage genügt es nicht mehr. Deutschland hat keine Rohstoffe. Alles muss importiert werden. Und ohne wertvolles und mit der Zeit rares Naturmaterial geht es nirgendwo. Das macht Deutschland von anderen Ländern abhängig. Und die Länder – hauptsächlich die BRICS (Brasilien, Russland, Indien, China und Südafrika) –, die über die Rohstoffe verfügen, wissen schon, dass sie die Bildungsqualifikation ihrer Bürger verbessern müssen, um mit Deutschland konkurrieren zu können. Deren Weg ist, ihre Rohstoffe selbst zu verarbeiten, um sie mit Wertschöpfung zu verkaufen. Und sie machen das schon bereits. Es ist nur eine Frage der Zeit, bis die BRICS-Staaten Deutschland überholen. Brasilien ist dabei.

Die deutsche Auswanderungsbewegung Richtung Brasilien ist bekannt, auch wenn in Deutschland wenige davon gehört haben. Noch weniger ist die umgekehrte Richtung bekannt, ich meine die Brasilianer, die nach Deutschland gekommen sind. Und das ist, was ich mit diesem Buch vor allem zu beleuchten versuche. Betrachten Sie es nicht als wissenschaftliche Arbeit, sondern als eine informative und zugleich unterhaltsame Lektüre.

Ich möchte die Erfahrungen und Fantasien von Brasilianern, die in Deutschland leben oder einmal gelebt haben, erzählen, dazu ebenso das Denken der Deutschen über Brasilien zusammenfassen. Und auch über die Stereotypen, die sie voneinander haben, berichten. Die verschiedenen Meinungen als auch Antworten, entsprechend ihrem eigenen Erleben, auf Fragen wie: Was ist deine Meinung über Deutschland/Brasilien? Hast du dich schon wegen deiner Hautfarbe oder Herkunft diskriminiert gefühlt? Welches Bild kommt, wenn du über Brasilien/Deutschland denkst? Was hat dich nach Deutschland gebracht? Es wird auch historische Informationen über die ersten Kontakte zwischen beiden Völkern geben, mit Hinweisen über die deutsche Auswanderung und Verpflanzung deutscher Kultur, die Brasilien beeinflusst hat.

Außerdem wird dargestellt, was für beide Gesellschaften als generell typisch und nicht als Ausnahme empfunden wird.

Die Gespräche mit Unternehmern, Poeten und Musikern, Hausfrauen, Illegalen, Beamten, Rechtsanwälten, Studenten und Akademikern wurden informell zu Hause mit Tee und Biskuit, persönlich in Lokalen, unter Einfluss von ein paar Bieren, an Arbeitsplätzen bei einer Tasse Kaffee, locker, zwischen Büchern, manchmal chaotisch und sogar mittels Skype durchgeführt.

Weil einige ihre Identität nicht freigeben möchten und sogar Illegale mir ihre persönlichen Erfahrungen mitgeteilt haben, entschied ich mich dafür, nur die Initialen ihrer Namen zu verwenden.

Bei allen möchte ich mich herzlich bedanken.

Was bedeutet es, deutsch zu sein?

Wenn man sich vorstellt mit »Ich bin Deutscher« oder »Ich komme aus Deutschland«, denkt der Gesprächspartner unwillkürlich an eine oder mehrere Sorten von Qualitäten: »Dieser Mensch ist fleißig, arbeitet hart, ist intelligent, diszipliniert, seriös, sparsam, ehrlich und vor allen Dingen: Auf den kann ich mich verlassen.«

Keine Zauberei. Die Produkte ›Made in Germany‹ sind seit dem 19. Jahrhundert in der ganzen Welt begehrt und Synonym für Zuverlässigkeit. Der Perfektionismus der Ingenieure und Handwerker war beispiellos, verbunden mit dem ›Deutsche Waren haben ein ewiges Leben‹-Image, der preußischen Mentalität, mit Armee und Rüstungsindustrie und den überall verkauften Kanonen unschlagbar. Damals waren die Deutschen ständig in Kriege verwickelt und bis zu 90 Prozent der Reichsausgaben mit der Rüstungsindustrie verflochten. Alles drehte sich um Kriege, die anspruchsvolle Technologien mit sich brachten. In den letzten 50 Jahren sind die Deutschen mit Autos, Druckmaschinen, Lokomotiven und Pharmaindustrie bekanntgeworden. Und seit zwanzig Jahren sind sie auch für Dienstleistungen, insbesondere große Events wie eine Fußball-Weltmeisterschaft, anerkannt.

Die Deutschen, die nach Brasilien für einen kurzen Aufenthalt auswanderten – wie Abenteurer – oder für immer – wie Bauern, aber auch Gelehrte und gut Ausgebildete –, haben bei den Einheimischen, den Portugiesen und später bei den Brasilianern, einen gemischten Eindruck hinterlassen. Wenn ich hier Deutsche erwähne, meine ich hiermit alle Europäer, die Deutsch als Muttersprache sprachen. Die damaligen ›Deutschen‹ waren also auch die Schweizer und Österreicher.

Hans Staden zum Beispiel, ein Abenteurer, veröffentlichte 1557, kurz nachdem die Portugiesen in Brasilien einfielen und es besetzten, das Buch ›Warhaftige Historia und beschreibung eyner Landtschafft der Wilden Nacketen, Grimmigen Menschfresser-Leuthen in der Newen welt America gelegen‹, wo er über seine zwei Reisen nach Brasilien berichtete. Er erzählte, dass die Indios ihn fast gefressen hätten. Es scheint, dass der erste Kontakt zwischen beiden Zivilisationen nicht ideal gewesen ist. Zumindest unter unserer heutigen Perspektive.

Die Tausenden deutschen Bauern-Auswanderer, die im 19. Jahrhundert vor dem Hunger flohen und alle ihre Habe verkauften, um die Tickets für die Schiffe zu bezahlen, waren in Brasilien willkommen. Maria Leopoldine von Österreich, die Kaiserin Brasiliens, hat die Türen des Landes für sie geöffnet und aus ihnen Grundbesitzer gemacht. Sie wollte gleichsprachige Landsmänner für ihr Königreich.

Das erste nationale Bier wurde bei Joaquim Salles in Partnerschaft mit Louis Bücher in São Paulo gebraut. Das berühmte Antarctica wurde im Jahr 1888 hergestellt, dem Jahr der Lei Áurea – des Goldenen Gesetzes, mit dem die Sklaverei abgeschafft wurde.

Und außer den VWs, die heutzutage überall auf den Straßen Brasiliens fahren, gibt es etwas, was für die Mehrheit des Volks unbekannt bleibt, obwohl es ihren Alltag beeinflusst: Das deutsche Grundgesetz hatte starken Einfluss auf die letzte brasilianische Verfassung von 1988. Dieser Einfluss war indirekt über die von den Deutschen inspirierte portugiesische Charta gekommen. Und auch direkt durch die vielen brasilianischen Richter, die in Deutschland ihren Doktor in Jura gemacht haben.

Für die Brasilianer heißt ›deutsch‹ zu sein auch dem Gesetz zu gehorchen. Im Straßenverkehr zum Beispiel. Die Brasilianer in Deutschland bewundern die Deutschen, die immer vor roten Fußgängerampeln stehen bleiben. Frau A., Architektin, aus São Paulo, die 1992 nach Deutschland kam und im Nahrungsimport aus Brasilien arbeitet, sagt: »Ich verstehe, dass man vor einer roten Fußgängerampel stoppt und wartet, wenn Verkehr herrscht und vorrangig, wenn Kinder in der Nähe sind. Aber frühmorgens, wenn kein Auto kommt und die Straße leer ist!? Nein, das ist mir zu viel.« Und sie fügt hinzu: »Regeln werden festgelegt, um Menschen zu orientieren, nicht um sie zu versklaven!« Die Deutschen denken anderes. Herr G., Deutscher aus Frankfurt, ein kleiner deutscher Weinexporteur nach Brasilien, siebzig Jahre alt, argumentiert, dass man keine Ausnahme machen darf. »Wenn man einen Sonderfall erlaubt, dann kommt immer noch einer mit eigenem Wunsch, um seine eigenen Interessen zu wahren und um sein Modell auszuhecken. Wenn jeder eine Ausnahme erfindet, wird Deutschland eine Anarchie werden.« Und Herr G. B., 63 Jahre alt, deutscher Techniker ergänzt. »Diese Woche habe ich gesehen, wie ein Fahrradfahrer eine rote Ampel überfahren hat. Ich bin schnell mit meinem Fahrrad neben ihn gerollt und habe ihm laut gesagt, dass ich es sehr schlecht finde, was er gerade gemacht hat. Wenn andere das sehen, werden wir Fahrradfahrer in ein schlechtes Licht kommen.«

Ob die Deutschen selbstbewusst oder arrogant sind, ist für Brasilianer schwer zu unterscheiden. Die Deutschen behaupten, sie sind nicht blasiert, sie wissen eben einfach alles besser als andere. Was man machen sollte, bevor man etwas über sie klatscht, wäre, sie zuerst genauer kennenzulernen.

»Die Deutschen sind anders als die Amerikaner, die sehr freundlich und offen sind. Sie sind anders als die Italiener, die romantisch sind, und auch anders als die Brasilianer, die fröhlich sind. Sie sind einfach für uns zu trocken. Jedoch ist das ihre direkte Art, objektiv zu sein, obwohl sie uns manchmal schockieren.« Das sagt Frau L., Brasilianerin aus Minas Gerais, ehemals Professorin in Deutschland und heute bei einer amerikanischen Universität tätig. Herr G. entgegnet, dass die Amerikaner nicht ehrlich sind. »Wir sind vertrauenswürdig, wir heucheln nicht.« Und Frau L.: »Kann man vielleicht ein bisschen diplomatisch sein und dabei ehrlich bleiben? Weißt du, ich bereise die ganze Welt, wenn ich jedoch nach Deutschland komme, sage ich meinem deutschen Mann schon am Flughafen: ›Zurück ins Land der Ehrlichkeit.‹ Er weiß sofort, worüber ich rede. Und lacht und nickt.« Und Frau L. erzählt weiter, nachdem sie einen kräftigen Zug aus der Zigarette genommen hat: »Warum ich immer wieder nach Deutschland zurückkehre? Weil ich mich hier wohlfühle. Die Kinder und Enkelkinder meines Mannes leben hier. Ich habe Freunde aus damaliger Zeit. Und sie kommen uns in den Vereinigten Staaten besuchen. Ob ich die Deutschen mag? Ich würde antworten mit einem deutlichen ›Ja‹. Ja, ich mag sie. Ich habe gelernt, sie zu mögen.«

Sind die Deutschen anders als die Brasilianer?

Das Alltagsleben der Deutschen wird von Ehrensache und Tradition beherrscht, die entweder geschriebene oder ungeschriebene Gesetze sind, wie zum Beispiel die Gartenpflicht. Die Gartenpflicht ist dazu da, um die Nachbarn durch den perfekten Garten zu beeindrucken. Die Brasilianer dagegen orientieren ihren Alltag meistens durch den Jeitinho Brasileiro, eine Form von ›Ich gehe diesen Seitenweg, um schnell und leicht mein Ziel zu erreichen, egal ob der Pfad legal ist oder nicht‹.

Der perfekte Garten. Das perfekte Haus
Die Brasilianer bewundern die deutschen Gärten, wobei nicht nur die öffentlichen makellos sind. Die privaten auch. Egal ob groß oder klein, ob im Hinterhof oder vor einem Haus mit mehreren Wohnungen. Hauptsache, sie sind perfekt gestaltet.

Und wann finden die Deutschen Zeit, ihre Gärten perfekt einzurichten?

Frau L.: »Meistens nach der Arbeit verbringen sie die Freizeit mit ihren Gartenträumen. Und ich sage noch etwas dazu. Sie machen das nicht, weil sie Spaß haben. Nur. Sie fühlen sich verpflichtet. Und um ihren Drang zu erfüllen, gibt es keine Ausrede. Sie beobachten auch die Gärten der Nachbarn. Und jede will ihren schöner machen als die der anderen. Es ist wie ein ständiger unbewusster Machtkampf – den Nachbar unter Druck zu setzen: ›Du musst etwas in deinem Garten tun‹ – und Wettbewerb: ›Ich werde meinen makelloser schaffen als du deinen‹. Wer kein Interesse am eigenen Garten zeigt, wird subtil verachtet. Ich und mein Mann wohnten in einem Einzelhaus, aber nebenan gab es mehrere Wohnungsgebäude. Ein damaliger deutscher Nachbar von uns, der in einer dieser Wohnungen wohnte, sagte mir eines Tages, er kümmere sich um den Hinterhof, solange er Spaß hätte. Sein kleiner Garten war halb wild, halb gepflegt. Und das geschmückte Teil hatte zwei Tannenbäume, die er fällen musste, weil ein Nachbar vom ersten Stock ihn oft schimpfte, wegen der Bäume würde sein weiter Blick gestört. Mit seiner bewussten Entscheidung, sich zu kümmern, solange er Spaß hat, war er eine Ausnahme. Er erlaubte sich, sich von seinen Nachbarn nicht unter Druck setzen zu lassen. Eine andere Bewohnerin des Wohnungshauses übernahm den vorderen Garten, der allen ›gehörte‹. Die anderen Bewohner kamen vorbei und lobten sie oft für ihr Engagement. Und kritisieren sie subtil, wenn sie keine Zeit oder Lust hatte.« Und Frau L. fährt fort mit ihrer besonderen Art zu sprechen, mit vielen kleinen Details. »Bei uns in Brasilien ist es anders. Wenn die Männer von der Arbeit nach Hause kommen, wollen sie nichts tun. Außer vielleicht ein Bier oder einen Whiskey trinken. Eine Handwerksarbeit kommt nicht infrage. (Vergessen Sie nicht, dass es Ausnahmen gibt.) Wir Frauen dagegen müssen, wenn wir nach Hause kommen, noch viel Hausarbeit machen. Davon gibt es kaum Ausnahmen. Ein anderer Unterschied zwischen uns und den Deutschen findet man im Stellenwert des Außen und Innen der Behausungen. Die Deutschen kümmern sich sorgfältig um das Innere des Hauses und das Außen, weil sie sich Sorgen machen, was die anderen über sie denken und urteilen werden. Die Brasilianer kümmern sich besonders um das Innen. Sie machen ihre Häuser innen so schön wie möglich. Und beschäftigen sich mit dem Außen so gut wie gar nicht, weil sie sich keine Gedanken darüber machen, was die Nachbarn über sie klatschen. Es wäre nicht schlecht, wenn die Deutschen ein bisschen von uns und wir ein bisschen von ihnen lernten. Nicht zu viel hier, nicht zu wenig da. Ich gehe davon aus, dass die neue Generation Brasiliens sich verändert. Das alte Modell, nach dem die Menschen kaum Handwerksarbeit zu Hause machen, ist dabei zu verschwinden. Und wenn ich Handwerksarbeit erwähne, will ich damit auch Gartenarbeit sagen. Und die neue deutsche Generation hat sich noch nicht für die Perfekte-Gärten-unter-nachbarlichem-Druck-Gestaltung entschieden. Wir müssen abwarten. Wenn sie es irgendwann für sich selber machen, werden sie echten Spaß haben und sich dabei gutgelaunt entspannen. Ohne Druck.«

Illegal Arbeit versus Jeitinho Brasileiro I
Ein Deutscher würde nicht jemand zu sich für eine Hausreparatur bestellen, der nicht ausgebildet ist. Oder? Doch! Für bestimmte Sachen. Ein Brasilianer macht es auch. Und wie! Und für alles.

In Deutschland macht man selbst alle möglichen handwerklichen Hausarbeiten. Zum Beispiel: tapezieren, Möbel zusammenbauen, Teppiche und Fußböden verlegen, Wände streichen und so weiter. Und dafür haben die Deutschen eine Menge Werkzeug in den Kellern ihrer Häuser. Fast jedes Haus hat eine Miniwerkstatt, weil Handwerksarbeit zu teuer ist. Um den hohen Preisen zu entgehen, bestellt man im Fall des Falles einen Schwarzarbeiter, einen Deutschen oder Ausländer

– auch Illegale –, um die Kosten zu senken. Wen die Deutschen offiziell und mit Rechnung bestellen, ist zum Beispiel einen Elektriker oder einen Gasinstallateur, weil die Verantwortung zu groß wäre, falls etwas schief ginge.

Die Hausfrau D., deutsch, Witwe, über 70 Jahre alt, arbeitet auf 450-Euro-Basis in einem Supermarkt. Sie sagt: »Meine Rente reicht nicht zum Leben.« Sie schafft nicht mehr das Rasenmähen und das Beschneiden der Büsche in ihrem Garten. »Einen Gärtner zu bestellen wäre für mich unbezahlbar, deshalb gebe ich einem, der bei der Firma, die meine Wohnung und das riesige Gelände rundum administriert, arbeitet, 20 Euro schwarz, und er macht alles, was ich von ihm verlange. Er braucht etwa 30 Minuten, um alles bei mir zu bearbeiten.«

In Brasilien ist es immer noch günstiger, einen illegalen Handwerker, der alles macht, nach Hause kommen zu lassen, als sich selbst die Hände schmutzig zu machen. Und bei der Reparatur- und Renovierungsarbeit ist der Jeitinho Brasileiro am meisten gefordert. Die Improvisation dominiert.

Zuerst bestellt jemand einen Handwerker, der ein Klo installiert. Dann hätte ein Bekannter gern eine Wand gestrichen. Der empfohlene Klempner verwandelt sich jetzt in einen Maler, der auch die Waschmaschine wieder instand setzt, am elektrischen System bastelt und zu guter Letzt ein Möbelstück renoviert.

Ein brasilianischer Handwerker lernt ›by doing‹. Seine Ausbildung ist ohne Theorie, aber mit viel Lernen durch Erfahrung. Die meisten Handwerker arbeiten allein und gründen keine Ein-Mann-Firma, weil in Brasilien die Firmengründung mit viel Bürokratie verbunden ist. Falls mal eben etwas schiefgeht – etwas, was manchmal passiert –, kann man die Arbeiter nicht verklagen. Es würde sich nicht lohnen, denken die Bürger. Und die Menschen nehmen den Schaden voller Wut in Kauf. Bis zum nächsten Mal.

Illegale Arbeit versus Jeitinho Brasileiro II
Ein anderes Beispiel für die deutsche Schwarzarbeit ist die Putzhilfe im Privathaushalt. Die Schwarzarbeiterinnen – es sind ja meistens Frauen – kommen überwiegend aus Osteuropa. Und viele auch aus Brasilien.

Theoretisch gibt es den einfachen 450-Euro-Job, um solche Arbeit abzudecken, aber weil dieser – trotzdem – mit einigen Regelungen verbunden ist und einigen Extrasteuern, meiden die Bürger ihn wie der Teufel das Weihwasser. »Es lohnt sich nicht, sich in diese ganzen Papiere einzuarbeiten wegen 80 bis 100 Euro monatlich«, erwähnt Herr S., 37 Jahre alt, Graphikdesign, der mit seinem Mann in einer modernen Vierzimmerwohnung wohnt. Die Putzkraft arbeitet zwei oder 3, manchmal vier (ausnahmsweise) Stunden pro Woche in jeweils mehreren Familienhaushalten und nimmt so zwischen 1200 und 1500 Euro pro Monat ein. Steuerfrei.

Viele Brasilianerinnen sind Teil dieser ›Armee‹. Zahlreiche davon haben in Brasilien studiert, trotzdem finden sie keinen besseren Job, in dem sie so gut verdienen, ohne die deutsche Sprache zu beherrschen.

Ebenso findet man den Jeitinho Brasileiro oft bei Behörden. Nichts ist besser, als einen Beamten am richtigen Platz im richtigen Moment kennenzulernen. Die notwendigen Dokumente laufen schneller als eine Ware auf dem Laufband des Aldi-Supermarktes. Wapp-Wupp! (Nur dass bei Aldi, wenn man die Ware nicht schnell genug in den Wagen katapultiert, die KassiererInnen die Produkte auf den Boden schleudern. Sie sind schon fast mehr Roboter als Menschen.) Nach dem Gefallen werden die Beamten meisten mit einem ›Aí, valeu!‹ (›Prima!‹) oder einem schönen Lächeln und dazu einem ›Vielen Dank‹ belohnt. Oder im Fall des Falles wechselt etwas Kleingeld die Hände, für ›um extra para a cervejinha gelada‹ (ein Extra für ein kaltes Bierchen).

Deutschland hat Gesetze, Brasilien auch, aber ...

Die Deutschen glauben an das Gesetzessystem, das sie aufgebaut haben. Die Gesetze werden genannt und verwendet, wann immer sie gebraucht werden. Sie nehmen an, dass der Staat und die Gerichte neutral und gerecht handeln. Im Gegensatz zu ihnen spotten die Brasilianer darüber, weil sie kein Vertrauen haben. Sie rechnen nicht mit Gerechtigkeit, weil sich ganz oben am Obersten Bundesgerichtshof die Reichen oft freikaufen. Die Reichen haben Geld genug für teure Rechtsanwälte, wenn nicht sogar ehemalige Richter des Bundesgerichtshofes, um sich verteidigen zu lassen. Und normalerweise, nach ewigen und Tausenden von Verfahren und Berufungen, wird der Prozess ohne Verurteilung abgeschlossen. Selbst wenn das Recht auf der Seite des Schwächeren ist, sagen die Deutschen: ›Das ist mein Recht, das steht mir zu.‹ Und sie nehmen an, wer recht hat, sollte die Querelen auch gewinnen. Das bedeutet nicht unbedingt, dass die Reichen in Deutschland ins Gefängnis gehen. Es gibt da ganz besondere Ausnahmen. Und wenn sie überhaupt verurteilt werden, bekommen sie normalerweise Bewährung, das bedeutet, sie verlassen den Gerichtsaal und gehen nach Hause.

Die Brasilianer ihrerseits sagen, in Brasilien gehen nur die drei Ps – ›preto, pobre e puta‹ (Schwarze, Arme und Huren) – ins Gefängnis. Und seit 2012 kommt noch ein P hinzu: das P von ›petistas‹, den Mitgliedern der Arbeitspartei. Sie nehmen dieses gestörte System quasi als Schicksal an.

Seltsame Frage eines Deutschen zu Brasilien I
Herr G. B. fragt:»Gibt es in Brasilien eine Verfassung wie hier in Deutschland?«

Deutsche denken und fühlen, Brasilianer fühlen und denken
»Die Deutschen sind diszipliniert und Perfektionisten, sie mögen es, alles unter Kontrolle zu haben. Sogar die Plauderei mit Freunden halten sie so. Wir Brasilianer hingegen betonen unsere Gefühle bei allem, was wir machen, auch bei unseren Unterhaltungen«, sagt Herr C., Poet aus Fortaleza und seit sechs Jahren in Deutschland. »Ich schreibe nicht nur Lyrik, ich musiziere meine Poesie auch. Und dafür beobachte ich genau, wie man hier spricht. Mit Hilfe der Sprache erkennt man viel von der Mentalität eines Volks. Sogar wenn man die Bedeutung der Worte nicht versteht. Die Deutsche haben eine rationelle Art und Weise zu sprechen. Sie reden leise, mit Pausen, und ruhig. Sie denken über jedes Wort nach, das sie äußern. Aber wenn man Hitlers Reden hört, merkt man, dass er sich mit voller Emotion äußerte. Genau das Gegenteil von der heutigen Sprechweise. Aber nicht nur er. Damals war es ganz normal für Politiker, sich so in der Öffentlichkeit auszudrücken.« Herr B. bestätigt: »Stimmt. Und wir wollen mit dem Geschehen von damals nichts zu tun haben, auch nicht

mit der Art zu sprechen. Heute gilt es als geschmacklos und wird schlecht angesehen, so zu reden.« Und Herr C.: »Es scheint mir, das, was den Deutschen heute an Emotion fehlt ...« »... haben die Brasilianer im Übermaß«, ergänzt Herr B. Und Herr C. lacht laut: »Stimmt. Und manchmal wissen wir nicht, wie sollen wir damit umgehen. Ich meine, mit unseren Gefühlen.«

Deutsche sind religiöse rationale Denker,
Brasilianer religiöse gefühlsgeladene Fanatiker
»Sind Sie Mitglied einer Kirche?« oder »Welcher Religion gehören Sie an?« So etwas liest man oft bei Ämtern und Arbeitgebern in Fragebögen in Deutschland. Der Grund ist, dass in Deutschland der Staat immer noch mit den christlichen Kirchen sehr verbunden ist. (Die Löhne von katholischen Bischöfen und die der evangelischen Landesbischöfe bezahlen nicht die Kirchen, sondern die Bundesländer. Hamburg und Bremen sind Ausnahmen. Grundgehalt: etwa 8.000 Euro. Und die Höherrangigen, wie Kardinäle, verdienen bis zu zwölftausend Euro. Monatlich! Und sie bezahlen keine Miete. Und sie haben Luxusautos mit Chauffeur zur Verfügung. Und selbstverständlich bezahlen sie keine Steuern.) Aber warum diese Fragen? Weil einem, wenn man mit ›Ja‹ antwortet, ein Geldbetrag in Höhe von zehn Prozent seiner Lohnsteuer vom Gehalt abgezogen und in die Kasse der Kirche einbezahlt wird! Mit diesem Geld der deutschen Bürger wird die Verbundenheit zwischen Kirche und Staat gelebt. Jedoch treten seit vielen Jahren mehr und mehr Deutsche aus der Kirche aus, um dieses Geld zu sparen. Aber nicht nur aus diesem Grund. Die Deutschen haben auch die Nase voll von den

vielen Priester-Skandalen, vornehmlich in der katholischen Kirche.

»Als ich nach Deutschland kam, wusste ich nichts von dieser Steuer. Und weil wir uns in Brasilien vor zwanzig Jahren fast alle als Katholiken betrachteten, gab ich mich hier als ›Katholiken‹ aus. Ich dachte sie machten eine Art Kontrolle. Statistik, wisst ihr? Ein riesiger Fehler! Eigentlich wollte ich nichts an die Kirche geben«, erzählt ein Brasilianer an einem runden Tisch mit mehreren Leuten. »Nachdem ich eine Abrechnung vom Finanzamt bekommen hatte, indem sie mich beschuldigten, jahrelang keine Kirchensteuer bezahlt zu haben, bin ich schnell zum Rathaus gegangen und offiziell aus der Kirche ausgetreten und mit der Austrittsbestätigung zum Finanzamt. Viel Bürokratie, weil mir dieser deutsche Brauch unbekannt war. Und ich habe noch dem Beamten gesagt, dass es in Brasilien anders wäre, und er dann: ›Aber Sie sind in Deutschland und nicht in Brasilien und hier ist so.‹«

In Deutschland sind die Kirchen leer, aber ihre Tresore voll. Und die Kirchen engagieren sich nicht, die Gläubigen in die Gotteshäuser zu holen. Sie brauchen das nicht. Das Geld kommt sowieso über den Staat. In Brasilien sind die Kirchen voll, allerdings besonders voll sind ihre Tresore. Erstklassig sind die neo-charismatischen Kirchen der Pfingstbewegung, die es mit Massenhysterie, aufregenden Predigten, Teufelsaustreibung, Wunderheilung, Musik, Tanz und moderner Unternehmensführung und Marketing schaffen, Millionen neuer Mitglieder zu sich zu holen und regelmäßig hohe Spenden einzusammeln. Die Geistlichen solcher Kirchen warten nicht, dass die Gläubigen ihnen Geld aus ihren Portemonnaies geben, wie es die Katholiken in Brasilien machen. Nein, die heben das Geld direkt von den Konten ab, ähnlich wie die christlichen Kirchen in Deutschland über die Steuer.

Die Brasilianer praktizieren allerdings noch andere geistliche Rituale, wie zum Beispiel Buddhismus, Macumba und Candomblé, afro-brasilianische Religionen und Spiritismus – die Religion, die sich unter Akademikern immer mehr verbreitet.

Im Bus sitzen die Deutschen allein, die Brasilianer suchen Begleitung

Frau H. aus Minas Gerais studiert Pädagogik und lebt seit 1999 in Deutschland. Auf ihrem Weg zur Universität beobachtet sie oft, wie die Einheimischen sich in den Bussen verhalten. »Wenn ein Deutscher in einen Bus steigt, sucht er einen leeren Platz. Ich bemerke manchmal, dass auf jeder Bank eine Person sitzt. In Brasilien suchen wir Brasilianer genau das Gegenteil: Einen besetzten Platz, um Kontakt zu knüpfen. Wir möchten über irgendetwas reden. Egal was!«

Brasilianer duschen, Deutsche auch, aber ...

»Als ich nach Deutschland kam, bin ich ein paar Tage in Berlin gewesen, bei einem Freund von einem Freund von mir. Es war Winter, aber selbstverständlich habe ich jeden Tag geduscht. Zuerst hat der Freund meines Freundes komisch geguckt, aber nichts gesagt, bis zum Beginn der zweiten Woche, als er mich nervös fragte, ob ich so schmutzig wäre, dass ich jeden Tag duschen müsste«, so beschreibt Herr C. ein Erlebnis in seiner ersten Zeit in Deutschland.

Die Gewohnheit einer Morgendusche ist etwas relativ Neues in der deutschen Kultur. Vor dem Zweiten Weltkrieg hatten die meisten Wohnungen und Häuser keine Dusche. (Die Häuser des höheren Mittelstandes und der Reichen schon, was aber nicht bedeutet, dass die Bewohner der Häuser sie regelmäßig benutzt haben). Wer duschen wollte, musste zum öffentlichen Bad gehen. Zu Hause wusch man sich mit Hilfe von Waschlappen und lauwarmen Wasser in einer Schale. In den 90ern des letzten Jahrhunderts gab es im Zentrum Berlins noch Wohnungen ohne Dusche und mit Klo im Treppenhaus, um den Bewohnern von zwei Etagen zu dienen. Und ganz am Anfang des 21. Jahrhunderts gab (gibt es vielleicht noch?) es immer noch Wohnungen ohne Dusche. Und warum? Eine Erklärung dafür wären die niedrigen Mieten für solche Wohnungen. Die Bewohner wollten nicht mehr Miete zahlen, falls eine Renovierung stattfinden würde. In solchen Fällen beherrscht die Improvisation das Leben dieser Leute. Aus dem Stegreif stellen sie zum Beispiel in ihrer Küche eine Plastikdusche auf.

In Brasilien, einem warmen Land, könnte jemand, der nicht mindestens einmal täglich duscht, unangenehmen Geruch verbreiten. In der Regel wird zweimal geduscht, wenn nur einmal, dann am Abend, weil keiner verschwitzt ins Bett gehen will.

Die Tradition, oft zu duschen, kommt von den Indianern, einem Teil der Vorfahren der Brasilianer, die sich oft zwanzigmal täglich in die Flüsse warfen. Im kalten Südbrasilien mochten die Einwanderer aus Europa beziehungsweise deren Nachkommen auch nicht so oft duschen. Mit der Zeit haben sie sich aber verändert und die allgemeine brasilianische Duschkultur angenommen.

Deutsche sind pünktlich,
Brasilianer kommen, wann es ihnen passt

Die Deutschen haben die Tradition, pünktlich zu sein. Wenn sie sagen: »Ich komme um fünf«, kommen sie entweder um fünf oder etwas früher. Und wenn sie zehn Minuten früher kommen, warten sie vor der Tür bis zur richtigen Zeit der Verabredung.

Die Brasilianer haben die Tradition, unpünktlich zu sein. Wenn sie sagen: »Ich komme um fünf«, kommen sie vielleicht eine Stunde später. Wenn überhaupt! Es ist sogar plump in Brasilien, wenn man zu einer Familie oder einem Freund zum Essen eingeladen wurde, pünktlich zu kommen. Es wird von dem Gast mindestens eine Stunde Verspätung erwartet.

Deutsche und Brasilianer trinken Bier

Ja, es gibt etwas, dass sowohl Deutsche als auch Brasilianer mögen: Bier! Es ist überhaupt das Lieblingsgetränk beider Völker.

Das Bier ist das Ergebnis eines Fermentierungsprozesses der Grundzutaten Wasser, Malz und Hopfen. Die Gärung ist Menschen seit zehntausend Jahren bekannt. Von den Sumerern kommt die erste Erwähnung dieses Alkoholgetränkes. Damals hatten die klassischen Zivilisationen – Römer und Griechen – mehr Lust auf Wein. Das Bier wurde von der unteren Sozialklasse genossen, die unter der Herrschaft der Römer lebte, zum Beispiel von den Galliern und Germanen. Die Römer gaben diesem Alkoholgetränk den Name Cervesia, in Ehren Ceres, der römischen Göttin des Ackerbaus und der Fruchtbarkeit. Im Mittelalter fand man den besonderen Geschmack, der sich bis heute gehalten hat. Die Gallier hatten das Malz und die Mönche haben den Hopfen dazu gebracht. Das deutsche Reinheitsgebot, bekannt als das älteste Ernährungsgesetz der Welt überhaupt (von 1516), wurde von Wilhelm dem Standhaften (Wilhelm IV.), Herzog von Bayern, erschaffen, mit dem Ziel, die Bierproduktion von zahlreichen kleinen Bierproduzenten zu standardisieren. Obwohl die Deutschen das Bier nicht erfunden haben, wird Deutschland mit den besten Qualitätsbieren verbunden. Dafür gibt es zahlreiche Aussagen, auch von brasilianischer Seite. »Damals war es mein Traum, deutsches Bier zu trinken«, sagt einer an einem Tisch, wo zufällig alle Bier trinken. »Ist aber bestimmt lange her, denn heutzutage findet man deutsches Bier überall in Brasilien«, kommentiert ein anderer. »Ich habe Werbung für deutsches Bier hier gesehen, Brauerei seit 1478 liest man da«, sagt ein Dritter. »Gott! In dieser Zeit lebten in Brasilien nur die Indianer«, ergänzte eine Studentin, die dabei war.

Genauso wie in Deutschland gab und gibt es in Brasilien immer noch diverse kleine Brauereien. Sie sind bekannt für Altbiere und exquisite Biere. Mit Schwierigkeiten überleben sie neben den Großen. Und wenn über Größe gesprochen wird, bedeutet es richtig groß. Wie die brasilianische größte Brauerei der Welt, die InBev, die in Europa mit einer belgischen Brauerei fusionierte, um in den europäischen Markt einzusteigen. Die Anheuser-Busch InBev kauft Brauereien in der ganzen Welt, inklusive der großen in Deutschland, wie Franziskaner Weißbier, Eck's, Hasseröder, Diebels, Gilde, Haake-Beck und Löwenbräu.

Es gibt Berichte aus dem 17. Jahrhundert über Bierproduktion in Brasilien jedoch wurde nur in kleinem Umfang handwerklich gebraut. Und nur für den privaten Konsum.

Cachaça und Wein bleiben bis zum Beginn des 20. Jahrhunderts die Lieblings-Alkohol-Getränke, weil Portugal seine Weinproduktion an die Kolonien verkaufen wollte.

Der Aufstieg des Bieres in die brasilianische Gesellschaft hat lange Zeit gedauert. In den 40er Jahren des 19. Jahrhunderts wurde in Südbrasilien die erste Brauerei gegründet. Das Bier wurde in großen Fässern gehandelt, und wenn es in Flaschen verkauft wurde, gab es keine Etiketten. In der zweiten Hälfte des 19. Jahrhunderts wurden zwei der berühmtesten Brauereien Brasiliens gegründet: Antarctica Paulista von Joaquim Salles in Partnerschaft mit Louis Bücher in São Paulo; und Cerveja Brahma von dem Schweizer Joseph Villiger in Rio Grande do Sul.

Bier ist etwas so Wichtiges für Deutschland, dass sogar die deutschen Kanzler oft mit riesigen Biergläsern fotografiert werden, jedes Jahr während des Oktoberfests in Bayern. In Brasilien ist Bier ebenfalls von Bedeutung, aber nicht deshalb, weil ein Präsident oder eine Präsidentin sich mit einem Bierglas in der Hand fotografieren lässt. Eigentlich ist so etwas bis heute undenkbar. Er oder sie würden heftig kritisiert als schlechtes Beispiel für die junge Generation, wenn man sie nicht sogar des Alkoholismus bezichtigte.

Die Deutschen hören und brüllen
Die Brasilianer hören und schweigen
Die deutschen Bürger sind normalerweise bereit, sich mit den staatlichen Ordnungskräften zu identifizieren und ebenfalls als Wache der Ordnung willig zu fungieren. Sie beobachten und hören gerne, insbesondere des Nachbars Trubel. Und weil sie die Nachbarschaft unter ständiger Kontrolle halten,

brauchen sie keine Polizei für die Sicherheit. Alle wissen alles. Alle beobachten alle. Alle registrieren alles und im Fall des Falles melden sie es den zuständigen Behörden.

Herr G. B.: »Das Schild meines Autos wurde vor der Tür meines Hauses gestohlen. Zwei Nachbarn sind gleich am Morgen, als ich noch frühstückte, zu mir gekommen, um mir davon zu berichten.« Herr K.: »Mein erstes Auto in Deutschland hatte ein Problem mit dem Motor. Die Gefahr, ihn abzustellen und danach nicht mehr gestartet zu bekommen, war sehr groß. Als ich einen Bekannten besuchte und nicht lange bei ihm bleiben wollte, habe ich den Motor laufenlassen und bin schnell zu ihm gegangen. Anstatt fünf habe ich mich leider zehn Minuten bei ihm aufgehalten. Als ich zurückkam, war die Polizei schon da, angerufen von einer deutschen Inkarnation der Ordnung und Disziplin.«

Und wenn sie gefragt werden: »Wieso wissen Sie so viel über das Leben Ihrer Nachbarn?«, erwidern die Deutschen: »Ich habe zwei Augen, um zu sehen, und zwei Ohren, um zu hören« oder »Zufällig …« Ja, es gibt zu viele Augen und Ohren und zu viel Zufälliges in Deutschland. Friedrich Schiller hat damals seinem Helden Wilhelm Tell in den Mund gelegt: »Es kann der Frömmste nicht in Frieden leben, wenn es dem bösen Nachbarn nicht gefällt.« In dieser Aussage steckt so viel ungeschminkte Wahrheit, dass sie inzwischen schon zur Volksweisheit geworden ist.

Vor allem Geräusche und Abfall sind immer wieder Grund für Streit. Wenn jemand ein bisschen laut Musik hört, quiekt ein Nachbar sofort: »Mach diese Scheiße leise!« Wenn Kinder laut draußen spielen, jault schnell jemand: »Wann hören die Kinder endlich mit dem Schreien auf?« Wenn ein Anlieger sein Telefonklingeln ein bisschen lauter als normal einstellt oder am offenen Fenster telefoniert, grölt sofort nebenan ein Hausgenosse: »Kann man nicht mal mehr seine Ruhe hier im Haus haben?« oder »Ich will meinen Frieden!« Wenn ein Bewohner mehr Besuch bekommt, als sich sein braver Nachbar vorstellt, heißt es schon mal: »Wissen Sie nicht, dass Sie zu viel Besuch bekommen? Sie stören die Ruhe des Hauses!« Wenn jemand großzügiger lebt, als seine Rente erlaubt, taucht einer auf und erinnert den Generösen daran, dass alles, was er gekauft hat, nachgerechnet worden ist und seine Ausgaben nicht ganz genau zu seinem ehemaligen Beruf und seiner Rente passen. Bei einer Party in der Wohnung empfiehlt es sich, um die guten Beziehungen zu den Nachbarn zu erhalten, einen Zettel an die Haustür zu kleben und so darüber zu informieren, von wann bis wann der Ausnahmezustand der Störung der Haus-Routine dauern wird.

Die Müllsammlung ist auch ein Grund für häufige Konflikte. Der Schatzhausgenosse beobachtet, ob alle anderen Nachbarn ihren Abfall in die richtige Bio-, Papier-, Kunststoff- oder Restmülltone werfen. Wenn das nicht der Fall ist, wenn ein Neunmalkluger es wagt, ein kleines Stück Teppichboden in den Papiercontainer zu werfen, nimmt der Schatzverweser das Stück aus dem Papiercontainer heraus, denn er versteht diese falsche Ablage als Verbrechen und legt den Beweis des Deliktes vor der Tür des Sünders ab und fühlt sich danach als perfekter gerechtigkeitsliebender Mensch.

Die Brasilianer sind erst einmal nicht bereit, mit dem Staat zusammenzuarbeiten. Und der Grund ist das Misstrauen gegenüber den Repräsentanten des Gesetzes. Deswegen sind sie tolerant, eigentlich zu tolerant zu ihren Hausnachbarn.

Sie dulden den lauten Nebenmann in der Hoffnung auf eine weitere gesunde und friedliche Freundschaft. Und das auch in Mehrfamilienhäusern, wo es eine Hausordnung – wie in Deutschland – gibt, aber mit dem Jeitinho Brasileiro versucht wird, die Schwierigkeiten hinzunehmen. Langfristig gehen aber so die guten Beziehungen kaputt. Die Nachbarn hören laut alle Arten von Musik: Von Klassik bis Pagode (eine Art Samba) segeln sie durch sämtliche brasilianische populäre Musik. Egal an welchem Tag der Woche. Und zu welcher Uhrzeit. Die Brasilianer ertragen auch das Hupen eines Autos um sechs Uhr früh mit dem Argument: »Wir müssen Verständnis haben« oder »Wir müssen die höfliche Beziehung mit unseren Nachbarn erhalten.« Jedoch gibt es seit einiger Zeit Bürger, die solches Benehmen ihrer Nachbarn nicht mehr aushalten. Sie haben die Nase voll von den vielen Transgressionen, die im Namen der guten Beziehungen ausgeübt werden. Sie rufen die Polizei, die dann einen Konsens zwischen den Anwohnern finden soll. Etwas, was normalerweise im Streit endet.

Es wurde in Brasilien noch nicht so viel Geld für Prozesse wegen Nachbarstreit ausgegeben wie in Deutschland. Dieser riesige Haufen Geld hätte in manchen Ländern die Armut beenden können. Doch langsam lernt der laute Nachbar, dass sein Recht nicht das Recht anderer Nachbarn, die ihre Ruhe haben möchten, übertreffen darf.

Márcia Haydée – Primaballerina des Stuttgarter Balletts

»Wenn ich als kleines Kind Musik hörte, fing ich an, mich zu bewegen. Ich bin zum Tanzen geboren«, erinnert sich Márcia Haydée Salaverry Pereira da Silva über der Beginn ihrer weltberühmten Karriere als Primaballerina. Hochbegabt war die Tochter eines Arztes, die am 18.04.1937 in Niterói, Brasilien, geboren wurde. »Nur im Ballettsaal war ich glücklich.« Deswegen gestand sie ihren Eltern bereits im Kindesalter, sie wolle nicht heiraten oder eine Familie gründen. Sie wolle tanzen.

Ihre Ausbildung machte sie in Brasilien bei Yuco Lindberg und Vaslav Vetchek. Noch in den 50er Jahren sah die Welt ihr Debüt in Rio de Janeiro. Und um ihren Horizont zu erweitern, packte Márcia Haydée ihre Koffer und ging nach Europa, wo sie in der Royal School of London und danach beim Grand Ballet du Marquis de Cuevas vier Jahre lang tanzte und ihren Stil perfektionierte. Anfang der 60er Jahre kommt sie nach Stuttgart, wo sie unter der Leitung von John Cranko Primaballerina des Stuttgarter Balletts wurde.

Der Durchbruch zum Erfolg gelang ihr 1962 mit Romeo und Julia, gemeinsam mit Richard Cragun – ihr Tanzpartner für lange Zeit und über 16 Jahre ihr Lebensgefährte.

Cranko hat sich von Márcia Haydée inspirieren lassen und viele seiner berühmten Choreografien kreierte er für sie. Neben ›Romeo und Julia‹ erschuf er ›Eugen Onegin‹ und ›Der Widerspenstigen Zähmung‹. John Neumeier entwarf für sie die Kameliendame und die Rolle der Blanche aus ›Endstation Sehnsucht‹. Sie arbeitete auch als Darstellerin in einigen Filmen.

Márcia Haydée wurde von fast allen großen Dance Companies der Welt zum Tanzen eingeladen. Einige ihrer berühmten Tanzpartner waren etwa Rudolf Nurejew, Mikhail Baryshnikov, Paolo Bertoluzzi, Antony Dowel, Jorge Donn und Richard Cragun.

Obwohl Márcia Haydée unmittelbar nach Crankos Tod zur Ballettdirektorin des Stuttgarter Balletts berufen wurde, übernahm sie die Aufgabe nicht sofort. Sie brauchte zwei Jahre, um sich für diese Position zu entscheiden. In einem Interview in Mai 2013, als das Stuttgarter Ballett im Bolschoi-Theater tanzte, offenbarte sie, warum sie die Direktion des Theaters nicht sofort nach Crankos Tod übernahm. »Ich wollte nicht mehr tanzen. Als Cranko lebte und ich auf der Bühne tanzte, wusste ich, das Publikum war da, aber ich wusste auch, das Cranko mich sah und genau beobachtete. Ich tanzte für ihn. Aber die Liebe zum Tanzen war stärker als sonst.«

Später heiratete sie ihren Yogalehrer Günter Schöberl und nahm zwei Jahre Pause vom Ballett, in der Zeit erlaubte sie sich, alles zu essen und auch ein Bier zu trinken.

Zurzeit verbringt sie sieben bis acht Monate im Jahr in Chile und dirigiert dort das Ballet de Santiago. Und eventuell steht sie auf der Bühne des Stuttgarter Balletts. Im März 2009 wurde Haydée mit dem deutschen Großen Verdienstkreuz mit Stern ausgezeichnet.

Fast 80 Jahre alt, ist Márcia Haydée eine der großen Ballerinen des 20. Jahrhunderts und immer noch fit. »Man muss immer in Bewegung bleiben. Und man sollte niemals denken: Jetzt ist Schluss. Man muss sich jeden Morgen sagen: Das Beste kommt noch.«

Miriam Etz trug den ersten Bikini in Brasilien

Erna Miriam Etz-Kaufmann, Deutsch-Jüdin, Tochter des Kunstschul-Professors und Malers Arthur Kaufmann, wurde in Kaiserwerth am Ufer des Rheins 1914 geboren. Anfang der 30er Jahre des letzten Jahrhunderts verlässt sie wegen des Aufstiegs des Nazismus mit ihren Eltern Deutschland und verbringt einige Zeit in den Niederlanden und in England, wo sie ihren Mann, Maler wie sie, kennenlernt und heiratet, bis sie 1936 gemeinsam nach Brasilien auswandern. Sie entschieden sich, nach Brasilien zu kommen, weil sie dort Bekannte hatten. Ihre Adaptation in Brasilien war so erfolgreich, dass sie nach sieben Monaten, als ihre erste Tochter geboren wurde, sie Iracema nannten. »Keine Lotte, Gertrud oder Bertha«, erzählt sie. Sie wollten sich so schnell wie möglich in Brasilien integrieren.

Aber was sie damals berühmt machte, war nicht ihre Liebe zu schwarzen Bohnen mit Reis oder ihre Fähigkeit, Portugiesisch fließend zu sprechen – ihre Berühmtheit erlangte sie durch ihren Mut, 1948 einen Bikini anzuziehen und zum Praia do Arpoador zu gehen, um sich zu sonnen.

Den patentierten Bikini hat Louis Réard 1946 erfunden. Da man damals dachte, dass dieses kleine Stücke Badeanzug wie eine Bombe in der Welt der Mode explodieren würde und zur gleichen Zeit eine Serie von Kernwaffentests im pazifischen Bikini-Atoll stattfand, nannte Réard das aus vier Dreiecken bestehende Kleidungsstück – zwei Dreiecke für unten und zwei kleine Dreiecke für oben – Bikini.

Miriam war frech, aber wie sie mehrmals gesagt hat, hatte sie nicht das Ziel, die Cariocas (in Rio de Janeiro geborene

Einwohner) zu schockieren. Was sie wollte, war nur, nicht den bekannten großen Badeanzug zu tragen. Deswegen hat sie sich selbst ihren Bikini genäht. Aber man darf nicht denken, dass sie gleich ein so kleines Teil trug wie die Brasilianerinnen heutzutage. Es war für heutigen Standard ein sehr großer Bikini.

Es war eine große Sensation! Sie wusste es nicht, aber sie hat den Anstoß für diese Mode in Brasilien gegeben, auch wenn es noch zehn Jahre dauerte, bis die Unterhaltungskünstlerinnen des brasilianischen Theaters, die Bikinis auf den Bühnen schon trugen. Aber am Strand zeigten sie sich noch nicht.

Nach ihrem Erscheinen am Strand wurde sie für zahlreiche Arbeiten als Modell und für die Werbung bestellt. Sie arbeitete jahrelang für Avon, ein US-amerikanisches Unternehmen mit Firmensitz in New York, und ebenso auch als freie Künstlerin.

Sie lebte viele Jahre in Nova Friburgo, Staat Rio de Janeiro, wo sie sich aber von den Deutschen, die dort ebenfalls lebten, fernhielt. Sie sagte offen, dass außer den Juden alle Deutschen, die nach dem Krieg nach Brasilien ausgewandert waren, für sie Nazis waren. Über ihre Eltern erzählte sie: »Einmal pro Woche, zwischen fünf Uhr nachmittags und zwei Uhr morgens, haben meine Eltern unser Haus für Künstler, Poeten und Musiker aus der ganzen Welt aufgemacht. Es waren Momente von großem Glück, die unsere Existenz wertvoll gemacht haben.«

Miriam Etz ist mit 95 Jahren am 14. Juli 2010 gestorben. Sie hinterließ zwei Kinder, sechs Enkel und zwölf Urenkel.

Beziehung zwischen den Ländern

Wo kommen die Brasilianer her?
Im Sinne des Eurozentrismus und seiner Anhänger existiert Brasilien seit dem 22. April 1500. Laut den Indianern, die in diesem Land, das seit dem 16. Jahrhundert Brasilien heißt, seit Tausenden Jahren leben, wurde es nicht entdeckt, sondern von Portugiesen erobert und von Engländern, Niederländern, Franzosen und später von Nordamerikanern geplündert.

Brasilien ist das fünftgrößte Land der Welt und mit mehr als acht Millionen Quadratkilometern Fläche vierundzwanzigmal größer als Deutschland. An Brasilien grenzen alle Länder Südamerikas außer Chile und Ecuador. Vor vierzig Jahren lebten 56 Prozent der Brasilianer auf dem Land. Heute leben circa 85 Prozent von 202 Millionen Menschen in den Städten.

Brasilien ist ein Land mit unterschiedlichem Klima. Die kalte Zeit in Deutschland ist in Brasilien warm. Die warme Zeit in Deutschland ist kalt in Brasilien. Ist es warm in Südbrasilien, ist Regenzeit in Nordbrasilien, wo es keine kalte Zeit gibt.

Die Menschen des südamerikanischen Landes sind das Ergebnis einer Mischung aus Indianern – den ursprünglichen Einwohnern –, Schwarzen aus Afrika, weißen Portugiesen und Weißen aus späteren Migrationswellen aus Europa, aus Arabern, Japanern und anderen Asiaten. Und dazu noch aus Menschen anderer südamerikanischer Länder. Die Mehrheit der Brasilianer sieht sich als weiß mit farbiger Tendenz.

Der erste Kontakt

Wie schon erwähnt, war Hans Staden der erste Deutsche, dessen Füße den Boden Brasiliens betraten und der ein Buch über Brasilien auf Deutsch schrieb. In ›Warhaftige Historia und beschreibung eyner Landtschafft der Wilden Nacketen, Grimmigen Menschfresser-Leuthen in der Newen welt America gelegen‹, veröffentlicht 1557, erzählt er: »Wir gingen an Land. Da eilten alle, Junge und Alte, aus den Hütten herbei, die sich auf den Hügeln befanden, und wollten mich sehen. Die Männer zogen sich mit Pfeil und Bogen in die Behausungen zurück und ließen mich bei den Frauen, die um mich herumstanden. Einige gingen vor mir her, andere hinter mir, und sangen ein Lied, das sie nach ihrem Brauch für die Gefangenen anstimmten, die sie zu fressen beabsichtigen.«

Nach Staden und bis zum Beginn des 19. Jahrhunderts blieb Brasilien, mit Ausnahmen und unter strenger Kontrolle, für Ausländer ein geschlossenes Land. Die Portugiesen wollten Brasilien mit seinem Bodenreichtum, den Ureinwohnern, der Pflanzenwelt und Flora vor den Augen der anderen Kolonialmächte schützen und sie fernhalten. Nachdem die königliche Familie vor Napoleon Bonaparte nach Brasilien floh und die Häfen Brasiliens für befreundete Nationen öffnete, sind viele deutschsprachige Wissenschaftler, Künstler, Religiöse und später Bauern nach Brasilien gegangen.

Wissenschaftler

Carl Friedrich Philipp von Martius (1794–1868) war ein deutscher Naturforscher, Botaniker und Ethnograph. Wie Alexander von Humboldt und Johann Baptist von Spix, die ebenfalls Naturforscher waren und Brasilien im 19. Jahrhundert besuchten, war er ein bedeutender Kenner der tropischen Welt.

Finanziert von König Maximilian I. von Bayern unternahm er eine Forschungsreise nach Brasilien mit von Spix. Sie begleiteten Prinzessin Maria Leopoldine von Österreich, die nach Brasilien geschickt wurde, um mit dem Kronprinzen und späteren Kaiser von Brasilien, Dom Pedro, die Ehe zu schließen.

Er reiste durch Amazonien und beobachtete den tropischen Wald. Unter Einfluss seines Vaters, des Hofapothekers seiner Heimat Erlangen, beschäftigte er sich auch mit tropischen Heilpflanzen. Er brachte konservierte Amphibien, Säugetiere, Fische, Insekten, Vögel und Pflanzen, Samenkörner und reichhaltige botanische Informationen mit nach Deutschland. Zwei Indianer brachte er auch mit, die nach kurzer Zeit starben.

Für das Stereotyp des faulen Brasilianers ist Martius einer der ersten Verbreiter. In seinen ethnographischen Darstellungen schrieb er über die indigenen Carirís und Sabujás: »Sie sind indolent, faul und träumerisch, stumpf für den Antrieb anderer als der niedrigsten Leidenschaften, und stellen auch in ihren kleinlichen Gesichtszügen diesen Zustand von moralischer Verkümmerung dar.«

Künstler
Obwohl Brasilien große klassische Komponisten wie Heitor Villa-Lobos (1887–1959) und Carlos Gomes (1839–1896) und einen der wichtigsten lebenden Pianisten der Welt hat – Nelson Freire –, ist das Land nicht als Heimat von klassischer Musik bekannt.

Kurz vor der Geburt der zwei genannten brasilianischen Komponisten lebte in Rio de Janeiro zwischen 1816 und 1821 Sigismund Ritter von Neukomm, geboren in Salzburg, Musterschüler Michael Haydns und hinterher Joseph Haydns Mitarbeiter. Es wurde spekuliert, dass er nicht nur ein großer Verehrer Mozarts, sondern auch Freimaurer und daneben Spion wäre.

In Erinnerung an die Zeit, die er sich in Brasilien aufhielt, und an seine über 1300 Werke wurde er 1945 Namenspatron des Stuhles Nr. 6 der Brasilianischen Musikakademie (Academia Brasileira de Música).

Jesuiten

Die Jesuiten haben ebenso ihren Weg nach Brasilien gefunden. Und einer der deutschsprachigen Diener Gottes war Anton Sepp von Rechegg, der 1655 in Kaltern, Österreich, in einer aristokratischen Familie geboren wurde. Wie alle anderen Jesuiten war er hochgebildet, studierte Philosophie, Gesang und Musik.

Nach einer langen Reise, die in Genua anfing, ihn nach Cádiz brachte, wo er auf 43 andere Jesuiten diverser Nationalitäten traf, und nach einer Wartezeit von einem Jahr, in dem er Spanisch lernte, gelang es ihm, den Atlantik zu überqueren und Buenos Aires in Argentinien zu erreichen, seinen ersten Zwischenstopp in der Neuen Welt. Wie das Überqueren des Ozeans war Reisen in Südamerika kein Ausflug. Zum einen, weil sie wilde Wälder und Indianersiedlungen kreuzen mussten. Zum anderen, weil die spanischen Beamten die Jesuiten, die nicht spanisch waren, unter strenger Kontrolle beobachteten. Wie die Portugiesen hielt die spanische Regierung die neue reiche Kolonie unter hartnäckiger Bewachung – anders als Nordamerika, als später Gold im Wilden Westen gefunden wurde.

Der Pater glaubte, dass die lange Reise und die damit verbundenen Schwierigkeiten ihm von Gott geschickt wurden als Prüfung seiner Frömmigkeit. Er wollte seinen Glauben unter Beweis stellen, indem er die Heiligen Worte verbreitete, in der Hoffnung, so seine Mission zu erfüllen.

Entlang des Rios da Prata stieg in jedem Dorf ein Prediger aus, um seinen Auftrag zu vollenden. Jeder sollte zwischen fünf- und fünfzehntausend indianischen Seelen die Worte des weißen Gottes näherbringen.

In seiner Zeit in Südamerika wechselte Sepp seinen Stützpunkt zwischen Brasilien, Paraguay und Argentinien. Die Beschreibungen der Indianer in seinen vielen Briefen sind sehr aussagekräftig. Hier ein Auszug: »Wir Missionare müssen alles tun, weil die Indianer so kindisch, außerordentlich einfältig und unvernünftig sind. Sie sind unfähig, etwas Neues aus eigenen Ideen oder ihrer Intuition zu schöpfen. Wenn wir etwas von ihnen verlangen, müssen wir zuerst ein Modell bauen und zeigen, wie man es macht. Aber solange sie ein Beispiel in der Hand haben, egal wie schwer es auch ist, sie schaffen es zu reproduzieren, genauso wie es ist.«

Wie alle anderen Europäer dieser Zeit und auch später und vielleicht noch heutzutage, hatte der Pater keinen Respekt gegenüber der indianischen Tradition und noch weniger vor indianisch Lebensweise. Die Indianer lebten in einem perfekten Habitat, das ihnen nichts abverlangte, außer sich von Zeit zu Zeit eine neue Ecke zu suchen, um die alte regenerieren zu lassen. Für sie war es völlig normal, sich nackt im Freien aufzuhalten, im Gegensatz zu den Menschen in Europa, die sich wegen des kalten Klimas unbedingt anziehen mussten. Unter der Herrschaft der weißen Männer sollten die armen Indianer ihre Körper bedecken, weil Nacktheit gegen den Katholizismus verstieß und für den Hedonismus stand. Vergebens! Sie haben es nie geschafft, die ›Wilden‹ anzukleiden.

Gegenüber den reichen europäischen Gesellschaften, die nur an Akkumulation dachten, mussten die Indianer wegen des Klimas und der reichen Natur nichts anhäufen: weder Essen noch Eigentum. Alles hatte Gott, aber nicht der weiße Gott, ihnen gegeben. Sie kannten kein Geld. Alles gehörte allen. Geschätzte sechs Millionen Seelen in Brasilien lebten einen realen Sozialismus.

Der Pater jedoch disqualifizierte ihre Kultur und ihre intellektuellen Fähigkeiten nach wie vor, als er einen weiteren Grund fand, die Ureinwohner zu erniedrigen. Er entdeckte zufällig, dass diese weder Musiknoten noch europäische Musikinstrumente kannten. Trotzdem versuchte er, den ›Wilden‹ und Ungläubigen mit Hilfe der europäischen Musik Gott nahezubringen. Er nahm wahr, dass sie wenigstens Talent für Musik hatten. Für ihn war die Musik und das Spielen eines Instrumentes nur ein Zweck, die Indianer vom weißen Gott zu überzeugen, der gekommen war, um ihr Leben zu verbessern und ihre Seelen zu läutern. Sein Ziel war, die ›Wilden‹ zu seiner Religion hinzuführen und ihnen dazu die katholischen Rituale beizubringen. So mussten sie Hochzeiten, Gottesdienst, Taufe, Letzte Ölung und anderes lernen.

Ihr wunderbares kommunales Haus sollte neu gestaltet werden, mit Dachziegeln obendrauf, deren Produktion die Indianer lernen sollten. Wie vieles andere war auch dieser

Versuch erfolglos. Die Indianer bauen ihren Oca, eine Art Schuppen, in dem einige Familien mit bis zu hundert Personen wohnen können, immer noch aus dicken Ästen und mit Palmblättern als Dach.

Wie man sehen konnte, wollten die Weißen die Ureinwohner nicht nur katechisieren, sondern im Grunde die indianische Kultur zerstören und die Indianer versklaven.

Sepp betonte oft, wie faul die Indianer waren, und wie bestialisch es war, wenn sie halbgekochte Tiere aßen. Er erwartete tatsächlich von den Ureinwohnern europäische Manieren von Damen und Kavalieren. Aber besonders interessant ist seine Beschreibung über ihre alltäglichen Arbeitsmethoden, denen es seiner Auffassung nach an jeglicher Standardisierung mangelte.

»Nachdem sie die Erde pflügten, töteten sie den Ochsen, und mit dem Holz, das sie zum Pflügen anwendeten, machten sie ein großes Feuer, um den Ochsen zu grillen.«

Was Pater Sepp beschreibt, ist der Konflikt zwischen zwei unterschiedlichen Welten, die sich unvermittelbar gegenüberstehen: der zivilisierten Welt mit ihrer Akkumulation des Reichtums und ihrer Wertermittlung der Arbeit gegen die Welt der Wilden mit ihrer Subsistenzwirtschaft und den gesellschaftlich notwendigen Arbeiten.

Und noch schlimmer fand der Pater die intellektuelle Beschränkung der Indianer, die zu nah an der Natur lebten. Deswegen dachte der Pater, sie müssten unbedingt aus dem Paganismus rausgeholt, christianisiert und ein Teil der zivilisierten Welt werden.

Deutsche Welle
Von brasilianischer Seite wurde das Kommen von Tausenden Deutschsprachigen nach Brasilien offensichtlich nach der Hochzeit des Kronprinzen Dom Pedro mit der Prinzessin Maria Leopoldine von Österreich 1818 und mit Brasiliens Unabhängigkeit von Portugal 1822 gefördert.

Schon einige Jahre zuvor hatte England Druck gegen den internationalen Sklavenhandel gemacht. Nicht aus humanistischen Gründen. Fern davon. Sondern wegen der Massenproduktion als Konsequenz der industriellen Revolution, die England gerade erlebte. Die Engländer wollten ihre Waren verkaufen, die Sklaven verdienten jedoch kein Geld, um etwas zu kaufen. Sie praktizieren den Tauschhandel. Dementsprechend war es wichtig, die Sklaverei abzuschaffen und eine neue Art Arbeiter zu schaffen, die für ihre Leistung mit Geld bezahlt wurden.

Der Kaiser dachte, die einzige Möglichkeit, die Sklaven zu ersetzen, wäre, Ausländer aus anderen Kontinenten nach Brasilien zu bringen. Die großen Gutsbesitzer hatten es schon mit Indianern ausprobiert und festgestellt, dass die Ureinwohner „zu faul" waren. In Wahrheit hatten die Indianer sich nicht angepasst, sie hatten sich nicht der Kultur der Weißen und der Sklaverei untergeordnet. Der Kaiser nahm dann eine Empfehlung seiner Frau an und förderte die Reise deutschsprachiger Bauern, Handwerker, Kaufleute, Ärzte und Apotheker nach Brasilien.

Auf deutscher Seite kochte zur gleichen Zeit eine bittere Hungersnot, die sich zwischen 1821 und 1830 ausbreitete, und dazu kamen noch die Folgen der Befreiung aus der Leibeigenschaft. Millionen Deutsche suchten einen Ausweg aus dieser katastrophalen Situation. Teile dieser Menschenmasse wanderten aus: nach Nordamerika, nach Australien und ein Teil nach Brasilien. Der Mann, der die deutsche Auswanderung nach Brasilien organisierte und vermittelte, hieß Major Georg Anton von Schäffer.

Schäffer eröffnete 1823 ein Werbebüro für Auswanderung in Hamburg. Der Hamburger Senat sah dies als eine Gelegenheit – wie es im Senatsprotokoll vom 15. Dezember 1823 heißt –, »sich auf solche Art einer Menge Vagabunden und müßigen Volkes entledigen zu können«. Rüdiger Safranski beschreibt in seiner Schopenhauer-Biographie, wie arm die Menschen in den Städten und Dörfern Norddeutschlands waren; und dass man nicht selten auf den Straßen von Bettlern eingekesselt wurde.

1824 begann die Welle der deutschen Immigration nach Brasilien. Im Laufe der Zeit wurden die Immigranten auf unterschiedliche Bundesländer verteilt. Im Süden: Rio Grande do Sul, Santa Catarina und Paraná; und im Südosten: São Paulo, Rio de Janeiro und Espírito Santo.

Die Deutschen in Brasilien

Mit einer einfachen Fahrkarte Richtung Brasilien wussten die Auswanderer, dass es keine Heimkehr gab, das Thema vom Tisch war. Der Fahrschein war zu teuer. Deswegen verkauften sie all ihren Besitz, wenn sie überhaupt etwas zu verkaufen hatten. In manchen Fällen sind halbe oder ganze Dörfer zusammen ausgewandert.

Die erste Gruppe ist aus Amsterdam am 24. Juni 1823 abgefahren und in Rio de Janeiro am 7. Januar 1824 an Land gegangen. Die Siedler wurden vom Kaiserpaar mit großem Prunk empfangen.

Die brasilianische Regierung bot der ersten deutschen Welle, die nach Südbrasilien gebracht wurde, allerlei Erleichterungen. Sie bekamen finanzielle Unterstützung, Werkzeuge, Saatgut, Tiere und 77 Hektar Land.

Es dauert nicht lange, bis sich die ersten Ergebnisse zeigten. Wenn bis dahin in erster Linie Monokultur auf den großen Plantagen für den Export und nebenbei beschränkt Subsistenzwirtschaft existierte, starteten von da an die südlichen Bundesländer eine neue Art Nahrungsproduktion. Es wurden in der kleinen Kolonie für den Binnenmarkt Lebensmittel wie Weizen, Mais, Reis und Kartoffeln geerntet. Dazu noch Fleisch, Wolle und Leder. Kleine Werkstätten wurden in den Dörfern gegründet, die sich später zu kleinen und auch zu großen Fabriken entwickelten. Im Süden blieben deutsche Bräuche und deutsches Essen erhalten. Das Bekannteste ist Sauerkraut oder wie man in Brasilien sagt, die Chucrutes. Das wird mit Eisbein oder Kassler serviert, besonders während des Oktoberfestes als typisch deutsches Essen oder deutsches Nationalgericht.

Ein Teil der ersten Welle, der direkt in das Bundesland São Paulo vermittelt wurde, um für bestimmte Gutsbesitzer zu arbeiten, zeigte bald eine große Unzufriedenheit. Manche Leute warteten nicht lange, um die ersten Briefe nach Deutschland zu schreiben, in denen sie sich beschwerten. Sie erzählten nicht nur ihren Verwandten, sondern auch den deutschen Behörden, dass sie wie Sklaven behandelt wurden. Viele verließen ihre Arbeitsstellen und wandten sich nach der Hauptstadt São Paulo, wo sie Arbeit fanden.

Während sich die erste deutsche Welle aus Bauern und Landarbeitern zusammensetzte, kamen mit der zweiten vermehrt Handwerker, Kaufleute, Ärzte und Apotheker, die in Städte wie São Paulo dirigiert wurden. Die deutschen Immigranten wurden ein Bestandteil des wachsenden Konsummarktes. Am Ende des 19. Jahrhunderts waren sie in fast allen Gebieten der Wirtschaft gut vertreten. Sie waren in der Produktion von Hüten über Schuhe bis zu Druckwaren ebenso tätig wie im Kaffeehandel. Ebenfalls ein traditioneller Schwerpunkt des deutschen Engagements war die Fabrikation von Textilien und Porzellanerzeugnissen. In Pomerode befindet sich die größte Porzellanfabrik Brasiliens: ›Porcelana Schmidt‹. Ab dem zweiten Teil des 19. Jahrhunderts beteiligen sich die Deutschen auch an der Eisenbahn und dem Hafen Santos.

Dom Pedro II
Es ist bekannt, dass Kronprinz Dom Pedro II., Sohn der Kaiserin Maria Leopoldine, nicht fließend Deutsch sprach, aber Französisch, obwohl er ab seinem vierzehnten Lebensjahr mehrere deutsche Lehrer hatte und seine Mutter aus einem deutschsprachigen Land kam. Damals war Französisch die Sprache der europäischen Aristokratie. Karl V., Kaiser des Heiligen Römischen Reiches, soll es so gesagt haben: »Wenn ich mich im Gebet an Gott wende, dann auf Spanisch; mit meiner Geliebten spreche ich Italienisch, mit meinen Freunden Französisch; und mit meinen Pferden spreche ich Deutsch.« Zweihundert Jahre später sagte Friedrich der Große es ähnlich: »Das Deutsche ist ein barbarischer Jargon, gerade noch geeignet, um mit meinen Pferden zu sprechen.« Wie

man sieht, war Deutsch keine begehrte Sprache für die vornehme Gesellschaft.

Deutsche Schule

Die größte deutsche Schule der Welt befindet sich in São Paulo mit fast elftausend Schülern. Sie heißt Colégio Visconte de Porto Seguro und wurde 1878 von Einwanderern deutscher Herkunft gegründet. Die erste Klasse hatte 52 Schüler und zwei Lehrer. Bis zum Zweiten Weltkrieg hieß sie Deutsche Schule, aber weil Brasilien gegen Deutschland in diesem Konflikt kämpfte, wurde die deutsche Sprache verboten und der Name der Schule 1943 geändert.

Die private Schule ist heute eine teure Bildungsanstalt, in der die deutsche Sprache nicht nur für die Schüler, sondern auch für die Eltern angeboten wird. Erstaunlich, wie viele brasilianische junge Leute ihre ganze Schulzeit im deutschen Schulsystem verbringen wollen. Die Schule ermöglicht es den Kindern, an einem internationalen Lernsystem teilzunehmen. Sie wird immer größer und die Warteliste länger.

Colégio Visconte de Porto Seguro ist nicht die einzige Schule, in der Deutsch als Fremdsprache gelehrt wird. Es gibt auch andere Schulen, die Deutsch als zweite Sprache anbieten. Deutsch wird aber auch in manchen Universitäten als Sprachkurs angeboten.

Goethe-Institute

Das Goethe-Institut wurde in Brasilien wie in anderen Ländern auch nach dem Zweiten Weltkrieg gegründet, um die deutsche Sprache zu verbreiten und kulturelle Kooperation zu fördern. Mit Hilfe des Instituts finden deutsche Bräuche und

Kultur Verbreitung. Leider ist das Institut in Brasilien nicht allzu bekannt, weil es sehr elitär und teuer ist. Während die deutsche Sprache in Schulen und Universitäten sich mit Schüchternheit verbreitet, hält die Aura rund um das Institut das Volk fern. Und die Deutschen, die nach Brasilien reisen oder dort wohnen, zeigen kein weiteres Interesse daran, ihre Sprache bekannt zu machen. Zunächst, weil sie Portugiesisch lernen wollen; später, weil sie gern die Komplexität ihrer Sprache betonen – ein weiterer Grund für die Brasilianer, sich von dem Institut fernzuhalten.

Nach dem Ersten Weltkrieg

Zwischen 1920 und 1930 emigrierten circa hunderttausend Deutsche nach Brasilien, um den politischen und wirtschaftlichen Spannungen zu entkommen, die man derzeit in Deutschland erlebte: Arbeitslosigkeit, eine riesige Inflation und Firmen, die ihre Türen schlossen.

Zweiter Weltkrieg

Während des gesamten Zweiten Weltkrieges herrschte in Brasilien Präsident Getúlio Vargas mit diktatorischen Mitteln. Er sympathisierte mit den Achsenmächten – Deutsches Reich, Italien, Japan –, nahm aber zur gleichen Zeit von Nordamerika Kredite an. Vargas schaffte es, bis 1942 an beiden Enden des Seiles zu spielen. Etwas, was die USA so beunruhigte, dass sie Druck ausübten, um die undeutliche Position Brasiliens in dem Konflikt zu klären. Die Befürchtung, Brasilien würde Deutschland einen strategischen Stützpunkt anbieten, war groß. Denn somit wäre es für die Achsenmächte einfacher geworden, den Krieg in Afrika zu gewinnen.

In Februar 1942 kam es zu einem tragischen Ende des doppelten Spiels von Vargas. Deutsche U-Boote torpedierten brasilianische Schiffe im Atlantischen Ozean, als Gegenmaßnahme erfolgte der Beitritt Brasiliens zur Atlantik-Charta. Einer der Punkte der Charta besagte, dass falls eine amerikanische Nation durch eine außerkontinentale Macht angegriffen würde, alle anderen amerikanischen Länder sich an der Verteidigung dieses Land beteiligen sollten. Trotz des Schiffbombardements reagierte Vargas nicht sofort. Es war enormer Druck erforderlich, um ihn in Bewegung zu bringen. Er nahm sich sechs Monate Zeit, um Deutschland den Krieg zu erklären. Das bedeutet nicht, dass er sofort Soldaten nach Europa schickte. Vielmehr betrachtete er den Konflikt als etwas Fernes, als hätte Brasilien nichts damit zu tun. In seinen Augen war es ein Krieg der Großmächte und von ihnen gefüttert. Brasilien sollte sich nicht einmischen. Zwei Jahre nach der Kriegserklärung, das heißt, im Juli 1944, schickte Vargas das erste Kontingent Soldaten nach Italien.

Noch vor dem Zweiten Weltkrieg hatte Vargas eine Nationalisierungskampagne initiiert, um den Einfluss der ausländischen Gemeinschaften zu beschränken. Sie richtete sich nicht nur gegen die Deutschstämmigen, sondern prinzipiell gegen alle Immigranten, die an ihrer Sprache und ihren Bräuchen festhielten. Sie sollten sich als Brasilianer betrachten und in die brasilianische Gesellschaft integrieren. Das ›Jus-Soli-Prinzip‹ oder Geburtsortsprinzip – das Prinzip, nach dem ein Staat die Staatsbürgerschaft an alle vergibt, die auf seinem Staatsgebiet geboren werden – herrschte bereits in Brasilien, im Gegensatz zum ›Jus-Sanguinis-Prinzip‹ oder Recht des Blutes, das in Deutschland gilt.

Während des Krieges wurde die Kampagne gegen Deutsche, Italiener und Japaner intensiviert. Es kam zu zahlreichen Einschränkungen. Zeitungen, Bücher, Zeitschriften und Dokumente wurden verboten. Die Deutschstämmigen durften sich ohne Erlaubnis weder frei bewegen noch versammeln. Wer statt Portugiesisch Deutsch sprach, wurde bestraft. Die deutschen Firmen wurden verstaatlicht und Geschäfte geplündert. Eine deutsche protestantische Kirche wurde in Brand gesteckt.

Zwischen 1933 und 1946 ging trotz Vargas harter Handlungsweise die deutsche Emigration nach Brasilien weiter. Diesmal geprägt von Emigranten mit akademischem Niveau.

Ab 1990 gab es eine entgegengesetzte Migrationswelle. Auf der Flucht vor der Krise des Neoliberalismus, der Brasilien in eine tiefe Wirtschaftskrise stürzte und dem Volk das Vertrauen in seine Regierung raubte, wanderten Tausende Brasilianer aus. Ebenso wie die Deutschen damals suchten die Brasilianer am Ende des 20.Jahrhunderts in fernen Ländern eine bessere Zukunft. In den ersten zehn Jahren des 21. Jahrhunderts gab es jedoch eine Umkehr der Entwicklung, basierend auf dem Wachstum der Infrastruktur und der industriellen Produktion, mit aktiver Beteiligung des Staates, auf der Grundlage der guten Konjunktur und damit dem Anstieg des Verbrauchs. Damit sind viele Brasilianer, die vor zwanzig Jahren ausgewandert sind, in ihre Heimat zurückgekehrt. Zurzeit leben in Deutschland ca. 110.000 Brasilianer, in Brasilien ca. 40.000 Deutsche.

Guimarães Rosa und die Juden
João Guimarães Rosa wurde 1908 in Minas Gerais gebo-

ren. Er ist der Autor des berühmten Romans ›Grande Sertão: Veredas‹, von manchen Literaturkritikern mit Ulysses (James Joyce) und Berlin Alexanderplatz (Alfred Döblin) verglichen. Außerdem hat er Medizin studiert, arbeitete aber als Diplomat.

Während des Zweiten Weltkrieges wurde er als Konsul nach Hamburg beordert. Dass der damalige Präsident Vargas bereits 1936 das Ausstellen von brasilianischen Einreisevisa für bedrohte Juden aus Deutschland und anderen deutschsprachigen Ländern nach Brasilien verboten hatte, wusste er nicht. Trotz des Gesetzes gab es Ausnahmen. Und der bekannteste Begünstigte war der jüdische Schriftsteller Stefan Zweig, der in Petrópolis nahe Rio de Janeiro Zuflucht fand und sich später, gemeinsam mit seiner Frau, mit einer Überdosis Veronal das Leben nahm.

Mittlerweile war der Krieg ausgebrochen und Guimarães Rosas Frau, Aracy Guimarães Rosa, die als Konsulatsbeamtin in Hamburg neben ihrem Mann arbeitete, stellte unzähligen Juden Einreisevisa für Brasilien aus. Sie wussten beide, dass sie damit gegen die Beschlüsse ihrer eigenen Regierung verstießen. Um ganz sicher zu gehen, dass die Flüchtlinge in Sicherheit gelangten, begleitete sie sie bis in den Hamburger Hafen, wo sie nicht selten so lange wartete, bis die Schiffe abgelegt hatten.

Typisches brasilianisches Essen

Feijoada
Das brasilianische Nationalgericht ist ein Bohneneintopf. Es war ursprünglich ein billiges Essen aus Speiseresten für die Sklaven. Ungeeignete und geröstete Teile des Schweines – wie Ohren, Schwanz und Füße – wurden stark gesalzen und mit schwarzen Bohnen und zahlreichen weiteren Zutaten gekocht. Heute wird Feijoada auch mit Rindfleisch gekocht. Dazu wird Reis serviert. Als Beilage werden Orangenscheiben, geröstetes Maniokmehl und gedünsteter ›couve mineira‹ (eine Kohlart) angeboten.

Churrasco
Churrasco (gegrilltes Fleisch) ist auch eine typische brasilianische Speise. Es ist überall, von Nord bis Süd des Landes, verbreitet und wird normalerweise zusammen mit Freunden und Bekannten zu Hause gegessen. Eiskaltes Bier muss dabei sein. Restaurants, die auf Churrasco spezialisiert sind, heißen Churrascarias. Sie sind in ganz Brasilien zu finden. Die Zubereitungsart von Fleisch (wertvolles Rindfleisch, aber auch Lamm, Huhn und Ente) ist überall gleich.

Pudim de Leite – Nachtisch
Der Milchpudding ist ein traditioneller brasilianischer Nachtisch und in jedem Haus und Restaurant zu finden. Mit Milch, Eiern, gesüßter Kondensmilch (z. B. von Milchmädchen) und Zucker, der karamellisiert wird, ist Milchpudding der beliebteste Nachtisch Brasiliens überhaupt.

Kurze Memoiren

Deutschland – ein angenehmes Land
»Ich heiße F. W. und habe in Deutschland über Landwirtschaft und Umwelt promoviert. Zuerst habe ich die deutsche Sprache beim Goethe-Institut gelernt, ohne dass ich wusste, was ich damit machen würde. Ich dachte nie daran, nach Deutschland zu gehen, eher in die USA oder nach England, da ich Englisch an der Uni in Brasilien studiert habe. Als ich mich für die Spezialisierung auf Umwelt-Themen entschied und mehr Informationen über dieses Thema suchte, bemerkte ich, dass Deutschland das Beste dafür wäre. Die Deutschen sind sehr umweltbewusst. Und das schon lange. Das Land ist schön, mit viel Grün, die Luft ist sauber und jeder Fluss, jeder Bach ist picobello. Sie dulden keine Umweltverschmutzung. Bereits bei der ersten Reise nach Deutschland sah ich vom Flugzeug aus viele Wälder. Nicht sehr groß, aber auch nicht so weit weg von den Wohnorten. Sie sind überall in großen und kleinen Städten. Mit einem Sprung ist man mit Kind oder Hund oder zum Jogging im Grünen. Die Wäldchen gehören zum Alltag der Deutschen. In Brasilien ist es anders. Sogar in Rio de Janeiro, wo der größte urbane Wald der Welt steht, gibt es nicht diese Bindung zwischen Mensch und Natur. Der Tijuca-Wald ist nur für die Leute da, die in der Nähe leben. »Ah, aber die Strände!«, könnte man behaupten. Die Strände sind weit weg von den Menschen, die im Norden der Stadt wohnen. Natur muss um die Ecke sein: ein, zwei, drei Straßen weiter, nicht ein paar Kilometer entfernt.

Deutschland? Alles funktioniert!
Der junge P., Informatik-Student aus Nordost-Brasilien: »Ich komme aus einer einfachen Mittelklassefamilie, die nicht genug Geld hat, um mir einen Aufenthalt in Deutschland zu finanzieren. Und doch ist es mein Traum. Als ich noch zur Schule gegangen bin, habe ich mich mit der deutschen Sprache beschäftigt, deutsche Bücher ausgeliehen und bei einer Nachbarin meiner Mutter, die in Deutschland gelebt hat, Unterricht genommen. Dafür hat sie keine Bezahlung verlangt. Meine Hoffnung ist jetzt, durch das Programm Ciências sem Fronteiras eine Chance zu bekommen und die Erfüllung meines Traums zu realisieren.« ›Ciências sem Fronteiras ist ein Stipendienprogramm der brasilianischen Regierung. Es soll dazu beitragen, die Forschungslandschaft in Brasilien zu konsolidieren und zu internationalisieren. Das Programm fördert den internationalen Austausch von Studierenden und Wissenschaftlern in den Bereichen der Life Sciences, Natur- und Ingenieurwissenschaften‹ (Quelle aus dem Brasilien-Zentrum der Universität Münster). ›Mehr als hunderttausend Studenten und Postgraduierte sind in die ganze Welt geschickt worden, um an den besten Universitäten zu studieren und forschen‹ (Frankfurter Allgemeine). »Deutschland bedeutet für mich Ordnung. Ich bin überzeugt, dass da alles fluppt. Weil sie das Gesetz achten. Die meisten sind gebildet. Wenn sie nicht zur Uni gehen, machen sie eine Ausbildung. Sie haben auch nicht so große Städte wie wir in Brasilien. Ich hoffe, ich schaffe es, in einer kleinen Stadt zu leben. Ob ich dort bleiben möchte? Nein! Wenn ich zurück nach Brasilien komme, werde ich wegen der Erfahrung und der Sprachkenntnisse sicher besser verdienen.«

Mein Leben – ein Buch

M. S. erzählt: »Mit meiner Lebensgeschichte kann man ein Buch schreiben. Ich kam nach Deutschland Ende der 80er des letzten Jahrhunderts. Ich war sehr jung, nur 22 Jahre alt, und wollte mehr als meine Stadt in Südbrasilien gesehen haben. Ich wollte Europa kennenlernen. Wie viele andere Brasilianer, die mit der ersten Welle der günstigen Flugtickets ihre erste internationale Reise machten, bin ich auch geflogen. Diese Geschichte, dass die Frauen aus Brasilien durch internationale Sex-Gangs nach Europa gebracht wurden, ist wahr, aber in meinen Fall gab es keinen Zuhälter. Warum Deutschland? Ich bin zwar allein gekommen, aber mit einem Kontakt aus meinem Dorf, um andere Frauen und Männer aus unterschiedlichen Ecken Brasiliens zu treffen und mit Prostitution Geld zu verdienen. Wir kannten uns, hatten beiläufigen Kontakt, aber wir waren voneinander unabhängig. Insgesamt waren wir circa acht Frauen und vier Männer. Manchmal ist jemand zurück nach Brasilien, aus unterschiedlichen Gründen, weil die Mutter gestorben war oder man ein größeres Erbe bekommen würde oder einfach keinen Bock mehr hatte, sich zu prostituieren. Wenn eine oder einer verschwand, war der leere Platz schnell wieder besetzt. Wir sind Prostituierte nicht nur wegen des Geldes geworden. Viele von uns waren in Brasilien finanziell gut situiert, ich meine, unsere Familien waren es.

Ich bin in Westdeutschland gelandet, in Frankfurt und Hamburg für eine Weile geblieben und am Ende in der Schweiz tätig geworden.

Zuerst war es nicht schwer, hier Geld zu verdienen. Wir waren nicht nur frisches Fleisch für die Deutschen, wir waren auch exotisch. Ich habe gutes Geld auch mit Live-Sex-Shows auf der Reeperbahn kassiert. Meine Familie wusste, welche Art Groschen ich nach Haus schickte. Und meine Mutter hat es gut verwaltet. Obwohl sie schon ein gutes Haus besaß, kaufte sie noch ein größeres für sich und zwei Wohnungen für mich. Eine am Strand. Aber dieses Paradies ist mit dem Berliner Mauerfall verschwunden. Und was glaubst du, was der Fall der Berliner Mauer mit unserer Arbeitslosigkeit zu tun hat? Der deutsche Sex-Markt wurde plötzlich mit Ost-Prostituierten überflutet. Abertausende Frauen aus Russland, Ungarn, Rumänien und so weiter sind hier auf einen Schlag gelandet. Und die meisten sehr jung. Noch jünger als ich damals war, als ich nach Europa kam. Plötzlich gab es viel zu viele Angebote. Von nun an waren wir aus Brasilien nicht mehr die Exotik, sondern die aus dem Osten. Viele von uns sind nach Hause zurück, weil es sich nicht mehr lohnte, hier zu bleiben. Das Geld, das wir einnahmen, reichte nur noch gerade zum Leben und fast gar nicht mehr zum Sparen. Ich habe noch einen letzten Versuch gemacht. Ich bin in die Schweiz. Aber nur für ein paar Tage die Woche. In der Schweiz ist es zu teuer. Ich habe an der Grenze in Deutschland eine Wohnung gemietet und pendelte. Am Donnerstag hin, am Montag früh zurück. Bis ich einen Deutschen kennenlernte und ein Kind von ihm bekam. Der war Drogendealer. Aber ich wusste das nicht, auch nicht, dass er süchtig war. Pech für mich. Glücklicherweise ist mein Sohn gesund geboren. Zu seinem Vater haben wir keinen Kontakt. Er ist wie Rauch aus unserem Leben verschwunden. Das Letzte, was ich von ihm hörte, war, dass er nach Nordbrasilien geflogen ist. Bestimmt versuchte er, sich dort vor der deutschen Mafia zu verstecken. Und mit anderen deutschen Männern? Ich habe noch ein paar Versuche gemacht. Es hat nicht geklappt. Ich warte immer noch auf meinen Märchenprinzen.«

Tochter einer Brasilianerin
»Ich bin mit meiner Mutter nach Deutschland gekommen. Sie hatte sich in einen Deutschen verliebt und alles hinter sich verlassen und war ihrer großen Liebe gefolgt. Wir lebten in einem touristischen Dorf nördlich von Hamburg, wo sie als Putzfrau arbeitete. Es dauert nicht lange, bis sie merkte, dass sie sich nicht an die deutschen Bräuche anpassen würde, deswegen ist sie nach Brasilien zurückgekehrt. ›Die Deutschen sind zu hart, zu streng. Lieber wieder nach Hause‹, sagte sie mir häufig. Inzwischen war ich achtzehn geworden und ich entschied mich, hier zu bleiben und eine Ausbildung zu machen. Heute pendle ich zwischen Brasilien, Italien oder Portugal. Überall bin ich zu Haus. Außer dass ich mir nicht vorstellen kann, mit einem Deutschen zusammenzuleben, ist mein Leben nichts Besonderes. Wahrscheinlich hat das Leben meiner Mutter mit ihrem Partner mich traumatisiert. Ich weiß, dass viele Deutsche auch im Haushalt helfen. Aber bei meinem Stiefvater war das nicht der Fall. Ich glaube, deswegen hat er eine Brasilianerin geheiratet und nicht eine Deutsche, die ihm auf Anhieb Nein gesagt hätte. Er erwartete, dass meine Mutter wie eine Sklavin alles für ihn tun würde. Falsch geschätzt. Sie hat ihm einen Korb gegeben. Zurzeit arbeite ich in einem italienischen Restaurant in der Nähe des Hamburger Hauptbahnhofs. Aber nur vorübergehend. Wenn der Sommer endet, werde ich nach Italien oder nach Portugal fahren. Im Winter bin ich am liebsten woanders.«

Ich kam als Bestellung

P. erzählt: »Es kann verrückt erscheinen, aber ich wurde nach Deutschland bestellt, nachdem meine beste Freundin, die bereits mit einem Deutschen verheiratet war, meinem zukünftigen Mann ein Foto von mir gezeigt hat.

Sehr kompliziert, nicht wahr? Dann erzähle ich von vorn. Mein Mann sagt, er hätte bis dahin nur Pech mit Frauen gehabt. Deswegen fand er nicht schlecht, was der Mann meiner Freundin ihm über mich erzählte. Ich lebte damals zusammen mit meinen Eltern und meinem kleinen Bruder, arbeitete in einem Supermarkt, hatte einen Freund, der nichts Ernstes im Leben wollte. Kurz: Ich war unzufrieden mit meinem perspektivlosen Leben. Mein zukünftiger Mann sagte sich: ›Warum nicht? Es ist vielleicht nicht schlecht, jemand per Empfehlung kennenzulernen. Vielleicht habe ich Glück.‹ Er ist so alt wie ich (damals waren wir 27 Jahre alt). Ich sagte mir ebenfalls: ›Was habe ich zu verlieren?‹, und bin nach Deutschland mit allem Kram gekommen, schon bereit zu heiraten. Es war nicht eine Ehe ins Blaue, weil wir oft mit gebrochenem Englisch telefoniert hatten, aber persönlich haben wir uns das erste Mal getroffen, als ich in Deutschland ankam. Doch, der Kulturschock war groß, aber mit Hartnäckigkeit lernt man die Sprache und irgendwann gewöhnt man sich an das, was für uns exotisch ist. (Hier lachte sie, als sie das Wort exotisch aussprach.) Schließlich sind nicht nur wir für sie Exotische; sie sind es auch für uns. Und es hat geklappt. Wir sind immer noch zusammen. In Brasilien sah ich damals keine berufliche Zukunft. Um nicht über einen Mann zu sprechen. Und mein Ehemann hatte keine Zukunft mit einer Deutschen gesehen.«

Kurze Geschichten

Das Oktoberfest übernahmen wir von euch
Das Oktoberfest, von Ludwig I. 1810 eingeführt, ist bis heute das größte Fest Deutschlands und in Brasilien das zweitgrößte nach dem Karneval. Heutzutage gibt es das vom Norden bis in den Süden Brasiliens. Das Berühmteste aber findet in Blumenau, Santa Catarina, alljährlich Anfang Oktober statt.

Seit Anfang des 20. Jahrhunderts gibt es in Dörfern und kleinen Gemeinden in Südbrasilien kleine Oktoberfeste, die deutsche Auswanderer mitgebracht haben. Die Feste schafften es damals aber nicht, große Mengen von Besuchern anzulocken. Etwas, was die Bürger dieser Gemeinden nicht einschüchterte. Der Wunsch, auch ein großes Fest wie in Deutschland zu veranstalten, war immer geblieben. Jedoch ohne staatliche Unterstützung oder die eines großen Unternehmers wurde der Plan immer wieder verschoben. Anlass für das, was heutzutage zum Oktoberfest geworden ist, war dann der Bedarf an Finanzmitteln für die Wiederaufbaumaßnahmen nach einer Katastrophe in Blumenau.

Schon 1895 gab es eine große Überschwemmung in dem Gebiet des Fluss Itajaí-Açú, der Blumenau durchquert. Aber eine wie 1983 gab es noch nie. Das Wasser hat die Stadt fast vernichtet. Das Hochwasser hatte die Dächer der einstöckigen Häuser erreicht. Als das Wasser zurückging, gab es nur Schlamm in den Straßen und in den wunderschönen, typisch mit Blumen auf Balkons dekorierten deutschen Häuschen. Nach einem Jahr Kampf, mit Hilfe des Bundeslandes und der lokalen Regierung die Stadt wieder aufzubauen und auf die

Beine zu bringen, kam ein neues Hochwasser. Und das, nachdem die Einwohner ein Jahr mit permanenter Angst bei jedem Regen hinter sich hatten. Dieses Hochwasser war noch verheerender als das vom Vorjahr. Für eine Stadt, die gerade noch dabei ist, sich zu erholen, war das eine Art Apokalypse. Ein Teil der Einwohner sagte damals, dieses Mal sei Blumenau total zerstört. Ein anderer Teil sagte: »Aber nicht der Mut des Volkes.«

Durch das Schicksal ist der Traum der ersten deutschen Auswanderer, ein Oktoberfest in großzügigem Maßstab zu realisieren, wahr geworden. 1984 entschieden sich die Bürger, noch im gleichen Jahr ein großes Fest zu organisieren, um mit Hilfe der Erträge die Stadt noch einmal wieder aufzubauen.

Schon beim ersten Mal war die Veranstaltung ein großer Erfolg. In zehn Tagen kamen mehr als 100.000 Besucher, etwas mehr als die Hälfte der Einwohner der Stadt. Das Fest zeigte Ausdauer und in den nächsten Jahren kamen viele Gäste aus Nachbarstädten und sogar aus anderen Bundesländern. Der Erfolg konsolidierte sich ab dem dritten Mal noch mehr, als Besucher nicht nur aus benachbarten Bundesländern, sondern aus ganz Brasilien und sogar aus dem Ausland kamen. Die Veranstaltung machte Blumenau von da an zu dem Top-Ziel in Santa Catarina in jedem Oktober.

Zum Münchner Oktoberfest kommen circa zehn Millionen Besucher, sieben Millionen Liter Bier werden in achtzehn Tagen getrunken. Das Oktoberfest in Brasilien besuchen mehr als sechshunderttausend Besucher jährlich. Der Bierkonsum beträgt über 700.000 Liter. Der Unterschied zwischen beiden Festen ist immer noch sehr groß, aber die Brasilianer müssen deswegen nicht aufgeben, denn die 19 Tage Oktoberfest in Blumenau sind nicht nur Bierkonsum, sondern auch Folklore, Erinnerungen und deutsche Tradition. Es sind viele Tage voller Musik, Tanz und in den Modenschauen auch Dirndl und Lederhosen. Und sogar eine deutschstämmige Königin wird jährlich neu gewählt.

Volkswagen do Brasil
São Paulo ist die größte deutsche Industrieansiedlung im Ausland überhaupt, 90 Prozent der 1200 deutschen Firmen in Brasilien sind kleine und mittelständische Unternehmen. Das Filialunternehmen von Volkswagen gehört zu den übrigen 10 Prozent.

Volkswagen in Brasilien wurde 1953 gegründet und bereits im gleichen Jahr wurde mit Hilfe von zwölf Mitarbeitern der erste Käfer (Fusca) in einem kleinen angemieteten Lagerraum in Sao Paulo, Stadtteil Ipiranga, montiert. Die Autoteile wurden aus Deutschland importiert. Seit dieser fernen Zeit ist Volkswagen do Brasil der weltweit drittgrößte Repräsentant nach Deutschland und China geworden.

Der damalige Vorstandsvorsitzende von Volkswagen, Heinz Nordhoff, wollte den Traum von ›Kraft durch Freude‹ im Ausland erweitern. Drei Jahre nach dem ersten Auto entstand die erste VW-Fabrik außerhalb Deutschlands in São Bernardo do Campo (SP). Zwischen 1953 und 1957 wurden fast dreitausend Autos zusammengebaut, zur Hälfte mit Teilen, die schon in Brasilien produziert wurden. 1970 verkaufte VW do Brasil eine Million Autos. Aber nicht alle in Brasilien. Das Expansions-Projekt Volkswagen ist auch in zahlreichen anderen Ländern in Lateinamerika und Afrika Realität geworden. Der Käfer wurde weiter in Brasilien produziert und in verschiedenen Märkten in Südamerika, Mexico und Afrika verkauft. Ab dem Modell Brasilia, 1973 auf den Markt gebracht, wurden die Autos auch in Brasilien entworfen.

2003 brachte Volkswagen das erste Flex-Fahrzeug überhaupt auf den brasilianischen Markt. Es war das erste Auto mit Biokraftstoff-Technologie. Und es konnte mit Ethanol, Benzin oder mit der Mischung von beiden Kraftstoffen fahren.

Zurzeit hat Volkswagen Produktionsstandorte in Campos do Jordão, São Carlos, São José dos Pinhais, in São Paulo und in Grande Curitiba, Paraná.

In Deutschland ist es FKK. In Brasilien ist es primitiv

Eigentlich ist die Gewohnheit, nackt vor aller Welt zu baden, in der deutschen Gesellschaft nichts Neues. Bis ins 18. Jahrhundert hinein badeten die Deutschen in Flüssen und Seen wie sie von Gott geschaffen waren. Dann fing die Tabuisierung der öffentlichen Nacktheit an Nacktheit sollte kein Grund für Schamgefühle sein, lautete die Gegenreaktion der Adepten der Philosophie des Nudismus bereits am Ende des gleichen Jahrhunderts. Und schon 1898 wurde in Deutschland der erste FKK-Verein gegründet. Anfang des 20. Jahrhunderts entstand die Renaissance dieses alten und nicht nur deutschen, sondern auch skandinavischen Brauchs.

Und genauso so dachten und denken früher und heute immer noch die ersten Einwohner Brasiliens: Es gibt keinen Grund für Schamgefühle, in der Öffentlichkeit den nackten Körper zu zeigen. Und so behielten die brasilianischen Indianer beiderlei Geschlechts ihren Tausende Jahre alten Brauch bei, das heißt, sie präsentieren so sich in Gänze vor allen Augen, wie sie zur Welt gekommen sind. Außer einigen Schmuckstücken, um sich schöner zu machen und bunter Farbe auf dem Körper, um ihren Geisteszustand zu zeigen, brauchen sie nichts anziehen.

Als die ersten Portugiesen an der Terra de Vera Cruz landeten, sahen sie den Naturismus in seiner reinen Essenz. Es waren nicht einige Hundert, sondern Millionen nackter Menschen im Freien. Selbstverständlich war es für die puritanischen weißen Männer ein Schock. Mit ihrem fast nackten Jesu an einem Kreuz machten sie alles in ihrer Macht stehende, die Primitiven anzukleiden. Vergeblich. Berichte von damals sagen, als die Kolonialisten die Indianer mit Kleidungstücken bedrängten, bekamen sie als Antwort Spott. Die Primitiven trugen die von den Portugiesen übergebene Unterwäsche zum Beispiel auf dem Kopf und gingen so an den Stränden und in ihren Kommunen spazieren. Die Portugiesen haben es nie geschafft, die Indianer zu bekleiden, jedenfalls nicht, wenn diese sich in ihrer ursprünglichen Umgebung befanden. Zurzeit besuchen jedoch viele Indianer Schulen und sogar Universitäten, sodass sie sich an die konventionelle Gesellschaftsordnung anpassen.

Für die brasilianischen Männer gibt es keine fragwürdige Kleiderregel. Sie sind elegant oder formal oder sportlich gekleidet. Tragen Hosen und Hemd und Anzug und Schuhe oder Flip-Flop und Bermuda in der Freizeit. Am Strand auch Bermuda oder Badehose.

Die Brasilianerinnen hingegen befinden sich heutzutage zwischen dem indianischen Brauch und der zeitgenössischen bürgerlichen Gesellschaft. An normalen Wochentagen tragen sie ganz vernünftig schlichte Kleidung. Während des Karnevals zeigen die Frauen dagegen alle ihre Üppigkeit, ihre nur bemalten oder reichlich mit Federn bedeckten oder gar völlig nackten Körper. Und das ganze Jahr hindurch sind sie an den Stränden mit extrem kleinen Bikinis zu sehen, die kaum etwas bedecken. Trotzdem, jedes Mal wenn sie versuchen, sich topless an der Copacabana oder in Ipanema zu zeigen, sammelt sich entweder eine Gruppe von Männern um sie herum oder/und von Polizisten, die ihnen befehlen, sich sofort anzuziehen. Wenn sie nicht gehorchen, werden sie verhaftet.

Obwohl Brasilien zwischen diesen zwei Extremen lebt, wurden erst ab den 50er Jahren die ersten FKK-Klubs und -Strände gegründet.

Der erste FKK-Klub wurde von Luz del Fuego, Künstlername der Brasilianerin Dora Vivacqua, geschaffen. Sie verbrachte einige Zeit in Europa und kehrte 1950 nach Brasilien zurück. Sie brachte in ihrem Koffer ›etwas‹ mit, was die brasilianischen Indianer gut kennen: die Körperkultur der Nacktheit. In Theater und Zirkus präsentierte sie sich halbnackt, eingewickelt in zwei Boas. Damit ist sie berühmt geworden. Schon in dieser Zeit war sie Vegetarierin, Nichtraucherin und enthielt sich des Alkohols. Mit einer Autorisierung der brasilianischen Marine richtete sie auf der zur Marine gehörenden Ilha do Sol (Insel der Sonne) den ersten Freikörperkultur-Klub ein.

Sie gründete auch eine politische Naturismus Partei, in die sie ihre Lebensphilosophie einbrachte: Ein Nudist ist jemand, der glaubt, dass die Bekleidung für die menschliche Moral nicht notwendig ist. Weil sie mutig genug war, die Engstirnigkeit der brasilianischen Gesellschaft zu bekämpfen, wurde ihr Geburtstagsdatum (der 21. Februar) zum Tag des Nudismus in Brasilien festgeschrieben. Heute gibt es einige Strände in Brasilien, wo man Nudismus betreiben darf, ohne dass man damit ein Verbrechen verübt.

Beispiele über brasilianische Doppelmoral und gegenseitige Ignoranz deutscher und brasilianischer Bräuche gibt es viele.

2009 haben sich zwei deutsche Touristen, beide bereits über 60 Jahre alt, mitten in der Halle des Flughafens Salvador-Bahia umgezogen. Selbstverständlich hat da keiner verstanden, was los war. Die beiden wurden sofort festgenommen und von Sicherheitskräften des Flughafens zu einem Polizeirevier gebracht, wo sie mehr als zwei Stunden verhört wurden und die Nacht verbringen mussten. Den Flug, den sie bekommen wollten, haben sie natürlich verpasst. Sie gaben bei der Polizei an, dass sie kaum Zeit gehabt hätten, sich proper anzuziehen und dass sie keine Toilette in dem internationalen Flughafen gefunden hätten (merkwürdig), und sie glaubten, es wäre normal, in der Öffentlichkeit nackt zu sein (auch merkwürdig) wegen der vielen Bikinis an den Stränden. (Würde das nicht entsprechend bedeuten, dass die Deutschen, wenn sie sich in Freibädern und Parks in Deutschland nackt sonnen, überall nackt gehen und bummeln könnten?) Die zwei wurden eines Obszönitätsaktes verdächtig befunden. (Diese Information wurde von verschiedenen Zeitungen und Blogs in Brasilien verbreitet.)

Frau G. B. erzählt: »Ich bin schon mehrmals nach Deutschland gekommen, aber es gab ein erstes und letztes Mal, dass ich in eine Sauna gegangen bin. Ich würde nie auch nur daran denken, mich nackt in der Öffentlichkeit zu zeigen. So hatte ich ein großes Handtuch in der Hand und einen

Bikini an. Obwohl man mir erzählt hatte, dass dort alle nackt wären, war ich trotzdem für diesen Schock nicht vorbereitet. Alle waren, wie wir zur Welt kommen. Und ich war so schüchtern, wusste nicht, was ich tun sollte. Mein Freund sagte zu mir: ›So wie du bist, ziehst du die Aufmerksamkeit auf dich. So, los, ausziehen!‹«

Das Fahrrad als Verkehrsmittel
In Deutschland Fahrrad zu fahren, ist etwas Selbstverständliches. Aber es ist nicht immer so gewesen. Es gab Zeiten, in denen das Fahrrad nur mit Freizeit assoziiert war. Brasilien versucht gerade, die Kultur des Fahrradfahrens und damit weniger Autos auf den Straßen in die Gesellschaft zu bringen, aber Teile des Volkes leisten Widerstand.

In den 20er Jahren des letzten Jahrhunderts wurden die ersten Radwege in Deutschland gebaut und das nationalsozialistische Regime hat davon profitiert. Die Autobahnen waren als ›Straßen Adolf Hitlers‹ bekannt und die Radfahrwege bekamen den Spitznamen ›Straße des kleinen Mannes‹. Vor den Olympischen Spielen 1936 wurde gesagt: »Zeigen wir dem staunenden Ausländer einen neuen Beweis für ein aufstrebendes Deutschland, in dem nicht nur der Kraftfahrer auf den Autobahnen, sondern auch der Radfahrer auf allen Straßen freie sichere Bahn findet.« Die Regierung setzte Priorität auf die Autoindustrie und schob die Fahrräder beiseite, sie sollten von der Straße weggeholt werden. In den 50ern verstärkte sich die Produktion und der Kauf von Autos noch und die Benutzung des Fahrrads ging zurück. Mit dem Umweltbewusstsein der 80er gab es eine Renaissance des Fahrrades. Das Transportmittel des ›kleinen Mannes‹ wurde neu erfunden und er zu seiner Benutzung ermuntert. Im Fahrrad wurde nicht mehr ein Zeitvertreib gesehen, sondern ein neu definiertes Verkehrsmittel.

In Deutschland gibt es immer noch Konflikte zwischen Fahrrad- und Autofahrern, hauptsächlich, wenn eine Straße für Autos etwas eng ist oder Parkplätze für Fahrradwege wegfallen. Dennoch arbeitet die Verkehrspolitik ständig mit dem Volk zusammen, um den Flaschenhals zu beseitigen und Deutschland in ein Land des Fahrrads zu verwandeln, wie die Niederlande, Belgien und die skandinavischen Länder. Der Straßenverkehr wird andauernd verbessert und es ist bemerkbar, dass die Lebensqualität sich auch verbessert hat. Das Fahrrad ist nicht nur ein gesundes sportliches Verkehrsmittel, es ist auch sehr gut für die Umwelt.

Obwohl Brasilien der drittgrößte Fahrradproduzent der Welt (nur China und Indien produzieren mehr) und der fünftgrößte Verbraucher ist, steht das Land nur an der 22. Position des Fahrradverkehrs pro Kopf. Die weltweite Tendenz ist aktuell, mehr Fahrräder zu produzieren. Brasilien geht dem entgegen und produziert immer weniger. Schuld daran ist die zu hohe Steuer für Fahrräder – Autos bezahlen weniger – und dass das Land noch nicht die Kultur der zwei Räder hat. Die Fahrradbenutzung im Alltag wird in Brasilien mit Armut assoziiert. Wer ein Auto hat, geht nicht zu Fuß, auch nicht bei ganz kurzen Wegen. Man fährt auch nicht mit dem Fahrrad, sondern am liebsten ausschließlich immer mit dem Auto.

Städte wie São Paulo und Rio de Janeiro versuchen gerade, die Fahrradkultur einzuführen mit dem Bau von zahlreichen Fahrradwegen. Jedoch gibt es immer noch viel zu tun. Bundesorganisationen, die die Verbreitung des Fahrrads unterstützen, sagen aber, dass eine bessere Infrastruktur allein nicht genug wäre für eine Mentalitätsänderung. Notwendig wäre ein komplettes Programm, noch mehr Investitionen mit besserer Planung für Fahrradwege, Änderung im Verhalten der Bürger und Kampagnen an Arbeitsplätzen und in Schulen. Es wäre fundamental, dass Fahrräder als tägliches Verkehrsmittel gesehen werden.

Obwohl die brasilianische Mittelklasse durch die ganze Welt reist und die Mobilität auf zwei Rädern im Ausland bewundert – wenn sie zurück in Brasilien sind, leisten sie Widerstand, weil sie den Verlust des Privilegs und des sozialen Status, sich mit dem Auto bewegen zu können, befürchten. In die Auslands-Flughafen-Mülleimer werfen sie ihren ethischen und gesunden Menschenverstand hinein und holen ihren Egoismus am Gepäckband des heimatlichen brasilianischen Flughafens wieder ab.

Hunde in Deutschland und Brasilien
Die Deutschen haben eine große Vorliebe für Haustiere, besonders für Katzen und Hunde. Letztere werden zu einem Teil der Familie. Sie leben im Haus; und in der Öffentlichkeit sind sie überall zugelassen, mit einigen Ausnahmen. Zum Beispiel: wo ungekochtes Essen verkauft wird, wie im Supermarkt; in Bäckereien und komischerweise in manchen Restaurants von Hotels, wo sie zwar im Hotelzimmer übernachten dürfen, aber sonst nicht erwünscht sind. In allen anderen Restaurants aber – außer denen, die von Muslimen betrieben werden – sind sie akzeptiert.

Brasilien hinkt in diesem Bereich noch hinterher. In erster

Linie sind Tiere in allen öffentlichen Gebieten verboten. In Shopping-Zentren, Restaurants, Bussen und U-Bahnen. Ausgenommen sind glücklicherweise die Straßen. São Paulo und Rio de Janeiro haben Anfang 2015 kleine Hunde und Katzen in Bussen und U-Bahnen erlaubt. Aber nur die kleinen. Wie eine Welle folgen viele andere Städte, in denen darüber diskutiert wird, ob sie diesem neuen ›Trend‹ folgen sollen oder nicht. Es gibt auch Städte, die ein neues Gesetzesprojekt implementieren wollen. Grundbesitzer, die Hunde von der Straße aufnehmen, sollen weniger Grundsteuer bezahlen. Jedoch ist, ähnlich wie bei den Fahrrädern, die Resistenz gegen diese Strömung groß.

Die NGOs, die den Hunden helfen, sind sehr aktiv. Sie versuchen, die Vorurteile gegen Hunde im Denken der Bevölkerung zu beseitigen. Selbstverständlich gibt es auch viele Menschen, die ihre Hunde lieben und respektieren und sie als Familienmitglieder betrachten. Dennoch haben Hunde für sehr viele Brasilianer immer noch eine Gebrauchsfunktion in der Gesellschaft, das heißt, die Hunde müssen arbeiten, normalerweise als Wachhunde. Jedenfalls werden sie dann nicht als Mitglieder der Familien angesehen. Entweder schlafen sie draußen in kleinen Häuschen oder unter freiem Himmel. Und trauriger weise bleiben sie an einer Leine befestigt. Solche Menschen sehen ihre Hunde als ein Stück Vieh oder ein beliebiges Ding.

In Brasilien gibt es viel zu viele Straßenhunde. Der Staat übernimmt nicht die volle Verantwortung für sie. Tausende Hunde werden immer noch in den Tierheimen – Centros de Controle de Zoonoses (CCZ) – regelmäßig umgebracht. In vielen Fällen, wenn Bewohner eines Stadtteils einen bestimmten Hund nicht mehr sehen wollen und das Tierheim anrufen, müssen die NGOs schneller als das CCZ reagieren und den Hund von der Straße mitnehmen, um ihn zu retten. Sie wissen, dass die besseren Chancen für die Unterstützung der Hunde bei ihnen sind. Sie geben den Tieren ein Wohnen auf Zeit, Arztbehandlung und suchen für sie ein festes Zuhause. Das Geld für die Kosten sammeln sie von Tierfreunden. Normalerweise sind solche NGOs überlastet. Sie schaffen es, den Tieren zu helfen, aber mit enormen Schwierigkeiten. Falls jemand helfen möchte, sollte man eine zuverlässige Organisation oder einen anständigen unabhängigen Tierschützer suchen.

Rassismus und die brasilianische Politik der Hautaufhellung
Nicht immer ist Rassismus leicht greifbar. Er findet in unseren alltäglichen und in vielen sozialen Umgebungen statt und ist manchmal schwer zu belegen. In fast allen Fällen betrifft er die Herkunft, die Hautfarbe und die Sprache der Betroffenen. Die Brasilianer in Deutschland sind generell gut akzeptiert und integriert, sie fühlen sich nicht diskriminiert, mit einigen Ausnahmen. Es ist klar, Brasilien ist ein Migrationsland, wo Menschen von allen Kontinenten und allen Hautfarben sich gemischt haben, große Teile der Gesellschaft betrachten sich als Mischlinge mit unterschiedlichen Hautfarbtönen. Und es gibt auch die Schwarzen und Weißen und Gelben, die sich nur unter sich mischen. Und dieses Spektrum ist auch hier in Deutschland präsent – es gibt deutschstämmige Weiße genauso wie Mischlinge und auch angolanischstämmige schwarze Brasilianer. Primär verstehen sich alle als Brasilianer.

Rassismus ist keine deutsche Erfindung und ist auch in Brasilien gut vertreten. Als die Portugiesen, Franzosen, Italiener, Engländer, Japaner und so weiter und so fort ebenfalls nach Brasilien auswanderten, hatten sie Ihre Koffer voll mit allen guten, aber auch schlechten Bräuchen. Und den Rassismus hatten sie besonders gut eingepackt.

Die brasilianische Gesellschaft leidet auch unter dieser Krankheit. Und viele Brasilianer, die nach Deutschland kommen, haben schon in ihrem eigenen Land darunter gelitten. Am Ende des 19. Jahrhunderts wurde die Versklavung der Schwarzen in Brasilien abgeschafft, weil die Engländer, die Herren des Meeres, keinen Sklavenhandel mehr erlaubten. Jedoch wurden die Ex-Sklaven damit nicht sofort frei, indem sie und ihre Familien irgendwelches Recht bekommen hätten. Und es versteht sich von selbst, dass in dem Begriff Freiheit Rechte und Pflichten impliziert sind. Für die Schwarzen blieb nur die Pflicht übrig. Sie hatten keinen Anspruch, weder auf ein Stück Land, ein Haus, Schulen für ihre Kinder noch Entschädigungen. Sie wurden mit ihrem Elend allein gelassen. Die großen Farmer in Brasilien aber brauchten unbedingt und schnell Arbeiter, um die Sklaven zu ersetzen. Mit als landwirtschaftliche Arbeitskräfte angeworbenen Europäern, Arabern und Japanern begann indirekt die Hautaufhellungs-Politik des brasilianischen Staates. Mit dieser Politik ist Brasilien heute das Land mit der drittgrößten weißen Bevölkerung der Erde, nach den USA und Russland.

Die Neuankömmlinge hatten nicht viele Rechte, aber schon etwas mehr als die Ex-Sklaven. Für ihre Kinder gab es Schulen, der Staat gab ihnen Land und finanzielle Unterstützung. Schnell erreichten sie einen besseren Lebensstandard.

Die Schwarzen blieben an den Rand der Gesellschaft gedrängt. Auf dem Land durften sie nicht bleiben, ausgenommen, wenn sie bereit waren, bei ihren damaligen Herren gegen einen Teller Essen zu arbeiten. Die zweite Option war es, am Rande der großen Städte zu leben. Und um dort zu überleben, akzeptierten sie orientierungslos alle Sorten Arbeit, die die Weißen ablehnten und für die man keine Vorkenntnisse brauchte. Sie lebten in einer Sozial-Apartheid, wurden ausgebeutet und gezwungen, in den neu gegründeten selbstgebauten Siedlungen an den Rändern der großen Städte – den Favelas – durchzuhalten.

Der Hautaufhellungsprozess, der schon mit den Portugiesen angefangen hatte, setzte sich fort, nachdem nach und nach mehr Weiße in Brasilien ankamen. Sie heirateten oder lebten zusammen mit Schwarzen, zeugten hellere Kinder, die später wieder Weiße heirateten und so weiter, bis ›ihre Gebärmütter sauber‹ wurden. Diese Ideologie hat in der brasilianischen Gesellschaft eine unheilvolle Konsequenz.

Die Schwarzen in Brasilien lernen von klein auf, sich selbst zu hassen. Und dieser Selbsthass entwickelt sich in ihrem eigenen sozialen Umfeld. Die Kinder leiden unter rassistischen Repressalien in ihrer alltäglichen Routine. Die kommen von Kollegen in der Schule, von Lehrern und Nachbarn. Aber auch von brasilianischen Medien. Schwarze werden in Telenovelas als nicht vertrauenswürdig, Faulpelze und Gauner gezeigt. Die schwarzen Frauen werden ausschließlich als Dienstmädchen dargestellt. Oft werden sie mit Kriminalität und Armut in Zusammenhang gebracht.

Und zum Teufel, wer will sich in solch einer Bevölkerungsgruppe sehen?

Die schwarze Bevölkerung übernahm primär unbewusst für sich als Ziel die Hautaufhellung in allen Bereichen ihres Lebens. Das biologische, soziale und städtische Muster des Aufstiegs wurde angestrebt. Und zum Aufstieg in der Sozialgesellschaft ist es notwendig, helle Haut zu haben. Daher kommt der Minderwertigkeitskomplex der brasilianischen Bevölkerung und der Versuch, seine afrikanischen Wurzeln zu verbergen.

In Brasilien gab es nie Konfrontationen wegen Rassismus wie in Nordamerika. Deswegen wurde auch die Idee verkauft, dass es in Nordamerika viel Hass auf beiden Seiten gäbe, ganz anders als in Brasilien, wo keine öffentliche Spannung zwischen Schwarzen und Weißen existiere. Rassismus wäre in Brasilien nicht präsent oder wenn überhaupt, dann diskret. Hier würde man in einer harmonischen Gesellschaft leben.

In USA wird jemand, der einen Tropfen Schwarzes in seinem Blut hat, also nicht ganz weiß ist, als Schwarzer betrachtet. Die Afro-Nordamerikaner entschieden sich daher, in den 50er und 60er Jahren des 20. Jahrhunderts offen gegen Rassismus zu kämpfen. Sie zeigten der Welt, was unter der Oberfläche los war in der US-amerikanischen Gesellschaft. Als sie sich nicht mehr versteckten, sondern offen kämpften, erreichten sie viele Rechte, die ihnen bis dahin verweigert worden waren. Zum Beispiel: in Bussen vorn zu sitzen und an Universitäten zu studieren.

Wenn man in Brasilien den gleichen einzelnen Tropfen Weiß im Blut hat, mag man sich bereits als weiß betrachten. Daher war die Basis für eine Auseinandersetzung zwischen Schwarz und Weiß verhindert, ein offener Kampf meisterhaft blockiert. Die Verfassung von 1988 definiert Rassismus als

Haftgrund, nicht kautionsfähig und unantastbar strafbares Verbrechen. In den letzten 15 Jahren ist sichtbar geworden, wie viel die Bewegungen für die Schwarzen in Brasilien erreicht haben. Ein Sekretariat für die Förderung von Rassengleichheit und zwei Universitäten besonders für Afro-Brasilianer wurden gegründet: eine in São Paulo und eine internationale Universität für Afro-Brasilianer und Menschen aus portugiesischsprachigen Ländern (Universidade da Integração Internacional da Lusofonia Afro-Brasileira – Unilab) in Ceará und Bahia. Die Afro-Brasilianer sind heute stolz darauf, schwarz zu sein. Sie wollen nicht mehr ihre Vergangenheit verstecken, sondern Informationen über ihre Vorfahren suchen, um mehr über ihre Wurzeln zu lernen.

Jedoch ist immer noch nicht alles im grünen Bereich. Die Schwarzen müssen in Brasilien noch viel für ihre volle Integration kämpfen. Sie repräsentieren 51 Prozent der brasilianischen Bevölkerung, verdienen aber durchschnittlich nur halb so viel, sind zu 50 Prozent mehr arbeitslos, haben weniger Anteil an Bildung, und der Analphabetismus ist doppelt so groß wie in der weißen Bevölkerung. Sie bekommen unzureichende ärztliche Betreuung und sterben darum auch früher. Es gibt viel mehr Schwarze in Gefängnissen als Weiße und sie sind immer noch die Mehrheit der Opfer von Polizeiübergriffen. Und sie sind selten im staatlichen Apparat präsent. Der UNO-Bericht über Brasilien sagt, dass die Polizeigewalt gegen Schwarze institutionalisiert sei. Dieser Gewaltgebrauch wird in der weißen Gesellschaft als Teil der Verbrechensbekämpfung generell akzeptiert, weil er sich gegen einen Teil der Gesellschaft richtet, in dem das Leben angeblich nicht so wertvoll wäre.

Julia da Silva Bruhns

Eigentlich sollte Thomas Mann Kaufmann werden wie seine Vorfahren, die bereits seit vier Generationen diesen Beruf ausübten. Eine ›Exotik‹-Komponente aber trat in seine bis dahin ursprünglich väterlicherseits deutsche Familie ein: seine brasilianische Mutter, Julia da Silva Bruhns. Sie war die Wurzel dieser bedeutendsten deutschen Schriftstellerdynastie.

Julia, auch Dodo genannt, wurde in Paraty – Bundesland Rio de Janeiro – am 14. August 1851 (es wurde auch 1848 angegeben) geboren. Ihre brasilianische Mutter hieß Maria Luísa da Silva und ihr deutscher Vater Johann Ludwig Hermann Bruhns. Als ihre Mutter bei der Geburt ihres sechsten Kindes starb, war Julia nur fünf Jahre alt. Mit sieben wurde sie nach Deutschland in ein Internat in Lübeck geschickt, ohne dass sie die deutsche Sprache kannte. Sie sollte ihre Heimat, Familie und Sprache hinter sich lassen. Ziel ihres Vaters war es, aus ihr eine Deutsche zu machen.

Hat er es geschafft? Angeblich nicht ganz.

1869 heiratete Julia da Silva den späteren Senator Thomas Johann Heinrich Mann, mit dem sie fünf Kinder bekam. Heinrich (1871–1950) und Thomas (1890–1949) wurden berühmte Schriftsteller. Allerdings erzählte sie immer wieder ihren Kindern mit Sehnsucht von ihrer tropischen Lebenszeit. Sie vergaß nie die Kindheitserinnerungen. Sogar nach 40 Jahren Deutschland sehnte sie sich nach Paraty. »Uns Kindern erzählte sie von der paradiesischen Schönheit der Bucht von Rio«, berichtete Thomas Mann später.

Im Alter lebte Julia Mann in unterschiedlichen und günstigen Hotelzimmern, weil sie kein Geld von ihren Kindern bekommen wollte und das hinterlassene Vermögen ihres an Krebs gestorbenen Mannes von der galoppierenden Inflation zwischen dem Ersten und Zweiten Weltkrieg aufgefressen wurde.

Heinrich und Thomas Mann schufen diverse literarische Charaktere, die auf ihrer Mutter basierten. Sie ist zu finden im ›Doktor Faustus‹ als Frau Senatorin Rodde, in ›Buddenbrooks – Verfall einer Familie‹ als Gerda Arnoldsen, in ›Tod in Venedig‹ ist sie die Mutter des Protagonisten von Aschenbach und auch in zahlreichen anderen Titeln lebte sie weiter.

Frido Mann, Enkel von Thomas: »Es war seine brasilianische Mutter, die das Künstlergen in unsere Familie brachte.«

Thomas Mann 1936 über seine Mutter: »Frage ich mich nach der Herkunft meiner Anlagen, so muss ich feststellen, dass auch ich ›des Lebens ernstes Führen‹ vom Vater, die ›Frohnatur‹ aber, das ist die künstlerisch sinnliche Richtung und – im weitesten Sinne des Wortes – die Lust zu fabulieren, von der Mutter habe.«

Warum ist Thomas Manns brasilianische Herkunft immer noch in Deutschland unbekannt? Eine Autobiographie seine Mutter, die sie 1903 für private Zwecke verfasste, veröffentlichte sein Bruder Viktor Mann 1958 unter dem Titel ›Aus Dodos Kindheit‹. Warum wählte man hier nicht einen aussagekräftigeren Titel? ›Aus Dodos Kindheit‹ – ›Unbekanntes aus der Kindheit von Thomas Manns Mutter‹. Andere und mehr Leser würden sich für das Buch interessieren.

Julia starb am 11. März 1923 in Weßling in Bayern im Alter von 71 Jahren, melancholisch und depressiv. Sie wurde bei einer Tochter, die sich umgebracht hatte, beigesetzt.

Silvia Sommerlath

Silvia Renata de Toledo Sommerlath, Königin von Schweden, wurde am 23. Dezember 1943 in Heidelberg geboren, am 19. Juni 1976 heiratete sie den schwedischen König Carl XVI. Gustaf. Silvia arbeitete bei den Olympischen Sommerspielen 1972 in München als Hostess und machte dabei die Bekanntschaft ihres späteren Mannes.

Sie ist die Tochter eines Deutschen, Walther Sommerlath, und einer Brasilianerin, Alice Soares de Toledo, und wuchs zwischen 1947 und 1957 in São Paulo auf. Sie ergriff den Beruf einer Dolmetscherin und beherrscht mehrere Sprachen inklusive Portugiesisch.

Königin Silvia über ihre portugiesische Sprache: »Nach dem Tode meiner Mutter habe ich nicht so viele Chancen, Portugiesisch zu sprechen, außer wenn ich mit meinen drei Brüdern rede. Wir reden öfter per Telefon. Und normalerweise unterhalten wir uns auf Portugiesisch. Es ist die Sprache, die wir sprechen, wenn wir uns glücklich fühlen. Wenn wir Probleme haben, dann sprechen wir Deutsch. Portugiesisch hat etwas Besonderes, es ist die Sprache des Herzens. Brasilien ist immer in meinem Herz. Ich bin glücklich hier gewesen. Meine Familie ist sehr mit dem Land verbunden, meine Mutter hatte acht Geschwister, ich habe viele Verwandte hier. Leider sprechen meine Kinder nicht Portugiesisch. Aber sie können einige Lieder in meiner Muttersprache singen und sie mögen die brasilianische Musik sehr. (Aus einem Interview von E. T. mit Königin Silvia in der Revista GENTE.)

Silvia hat drei Kinder und drei Enkelkinder.

Erfahrungen von Deutschen in Brasilien

Einsamer Strand
Es ist nicht selten, dass ein Brasilianer einen Freund von einem Freund empfängt. Sie betonen: »Der ist ein Freund von Herrn oder Frau X? Dann er ist auch mein Freund.« Herr F. und seine Familie sollten den deutschen Freund eines Freundes bei sich zu Hause in Maceió für eine Woche aufnehmen. Wie gute Gastgeber begleiteten die Mitglieder der Familie den Deutschen überallhin, machten alles in ihrer Macht stehende, um den Gast zu unterhalten. Der Jüngste der Familie sollte ihn eines Tages zum Strand mitnehmen. Aber was er nicht wusste, war, dass der Deutsche nur einsame Strände besuchen wollte. Er sagte, Strände mit vielen Leuten würden ihm nicht gefallen. Er brauche die Einsamkeit. Der Jüngste dazu: »Wie kann man das verstehen!?«

Erinnerungen einer Brasilienreise I
Herr G. B. erzählt: »Im Jahr 2011 war ich drei Wochen mit meiner brasilianischen Lebensgefährtin in Brasilien. Wir besuchten die Großstädte Rio de Janeiro, São Paulo und Recife, den historischen Küstenort Paraty und ihre Heimatstadt im Piauí.

Was bleibt da an Erinnerung vier Jahre später?

Die sonnigen Strände und das Meer natürlich. Der schöne für deutsche Verhältnisse warme Atlantik und das etwas andere Strandleben als in Deutschland. Es wird nicht so viel im Meer gebadet wie bei uns, wo man gern ins Wasser geht. In Brasilien scheint es nicht so wichtig zu sein. Man bleibt lieber in seinem Strandstuhl sitzen, unterhält sich und trinkt ein

Bier oder ein kaltes Kokosnusswasser. Man bleibt vorzugsweise dort, wo schon andere Menschen sind. Ruhe wird man dort nicht finden. Wir Deutschen gehen im Gegenteil dazu gern an einem Strand spazieren, an dem wir fast oder ganz allein sind.

Sehr schön fand ich auch einen wilden natürlichen Fluss aus dem Gebirge, der bei Paraty in den Atlantik fließt. Das Flussbett voller großer abgerundeter Felsen, auf denen ich herumturnte und das glasklare, kalte, schnell fließende Wasser bestaunte. Ob die Schönheit dieses Flusses eine Relevanz für die dort lebenden brasilianischen Menschen hat? Da bin ich mir nicht sicher. Vielleicht war mein begeisterter Blick auf diesen Fluss auch etwas speziell Deutsches.

Wir Deutsche suchen die Natur, gehen gern im Wald spazieren. In Brasilien macht das niemand. Obwohl so viele unterschiedliche Landschaften, Berge, das Meer und faszinierende Felsformationen vorhanden sind, gibt es gar keine Wege in Wald und Feld zum Lustwandeln. Die alte deutsche Verbindung mit der Natur sucht man in Brasilien vergebens.

Die Architektur in den Städten ist beeindruckend, die vielen Hochhäuser mit vielen Stockwerken und etwas abseits davon oder an den Stadträndern die selbstgebauten, unverputzten Häuschen der Favela-Bewohner. Die Masse der Großstadtbewohner träumt scheinbar davon, in Hochhäusern in den Zentren der Städte zu wohnen. Wobei unten im Eingang dieser Hochhäuser immer ein Wachmann hinter einem das Grundstück abgrenzenden Zaun sitzt. Wohnviertel mit so etwas wie europäischen Bürgerhäusern, Villen oder Einfamilienhaus-Gebiete habe ich nicht gesehen.

In kleineren Städten, in denen die Menschen schon auch in Eigenheimen leben, sind die Grundstücke von Mauern umgeben. Von der Straße aus sieht man nur hohe Mauern mit einem verschlossenen Tor. Vorgärten scheint es nicht zu geben in der brasilianischen Wohnhauskultur. Sicherheit hat Vorrang. Die gesellschaftlichen Verhältnisse und die Geschichte haben zu einer anderen Architektur geführt als in Europa.«

Erinnerungen einer Brasilienreise II
Herr B. erzählt: »Viele Menschen in Deutschland verbinden Brasilien mit bestimmten Vorstellungen: Strände, Fußball, Favelas, schöne Frauen in Bikinis, Samba, Urwald, Betonkunst usw. Sicher entspricht ein Teil der Klischees auch immer der Realität. Ein Teil aber auch nicht. Die beste Methode, seine Vorstellungen mit der Realität abzugleichen, ist immer noch die konkrete Erfahrung vor Ort. Dann wird man sehr schnell feststellen, dass die Brasilianer durchaus nicht den ganzen Tag am Strand sitzen, Bier trinken und den Frauen in den Bikinis zuschauen, sondern dass der Alltag der weitaus meisten Menschen in Brasilien aus harter Arbeit besteht, ähnlich wie in Deutschland.

Entsprechendes gilt auch für die brasilianischen Frauen, die auf uns deutsche Männer einen starken Reiz ausüben: Die Exotik, die schönen Körper mit brauner Haut, die knappen Bikinis und die anmutigen Tanzbewegungen machen auf uns Nordeuropäer Eindruck. Und in unserer Phantasie denken wir, dass die jungen Frauen mit den wohlgeformten Körpern in den knappen Bikinis sehr lebenslustig und freizügig sind. Wir vermuten und hoffen wohl insgeheim auf ein ungezwungenes und natürliches Verhältnis zur Liebe, das uns selbst auf einer Brasilienreise vielleicht auch zugutekommt.

Diese Hoffnung erfüllt sich aber in der Regel nicht, da

wir wenig bis nichts vom Einfluss des Katholizismus und von brasilianischer Moral wissen. Durch das schöne Wetter, die Urlaubsstimmung und die schönen Körper der Frauen werden Phantasien geweckt, die mit den Vorstellungen und dem Lebensgefühl der brasilianischen Frauen nichts zu tun haben. Im praktischen Leben sind die Frauen dort keineswegs so frei und selbstbewusst wie die Frauen in Europa.

Vermutlich hat die im Norden der Erdkugel nach dem Zweiten Weltkrieg stattgefundene ›sexuelle Revolution‹ und die Frauenbewegung die Menschen des Südens höchstens gestreift. Mit freier, großzügiger Liebe hat die brasilianische Frau jedenfalls wenig am Hut. Im Gegensatz zu uns Menschen aus Nordeuropa glauben Brasilianer auch nicht so sehr an die Liebe, die sie sie zum Maßstab ihres Handelns machen. Sie glauben mehr an soziale Sicherheit, sozialen Status und sichere Versorgung. Vor diesem Hintergrund sind deutsche Männer schon interessant für brasilianische Frauen, was wir Deutsche oft nur schwer verstehen können. Aber natürlich kommt es auch zu vielen glücklichen Verbindungen. So spielen ähnlich wie bei der Architektur und dem Städtebau die gesellschaftlichen Verhältnisse bis in das Privatleben der Menschen hinein.

Die phantasievollen Vorstellungen deutscher Männer haben so schon für viele Enttäuschungen gesorgt, denen man prophylaktisch vielleicht mit dem bekannten Schiller-Wort ›Drum prüfe, wer sich ewig bindet ...‹ begegnen sollte.«

Erinnerungen einer Brasilienreise III
Herr E., Dipl.-Ing. in chemischer Technik erzählt: »Als man mich gebeten hat, über meine Erfahrungen und Ein-

drücke aus Brasilien zu schreiben, habe ich lange überlegt, worüber ich schreiben soll. Es gab so viele Erfahrungen und Eindrücke, dass mir die Auswahl nicht leicht gefallen ist. Auch die Art, in der ich darüber schreiben soll, fand ich wichtig. Ich habe mich für die Tagebuchform entschieden, da diese, glaube ich, am besten meine Eindrücke und auch meine Gefühlswelt widerspiegelt. Hier nun ein paar zusammengefasste Eindrücke aus meinem ersten Besuch in Brasilien:

Hier nun stehe ich am Beginn meines 7-monatigen Praxissemesters in Niterói an der Universidade Federal Fluminense. Ich war müde und abgespannt, als unser Flug irgendwann früh morgens im Dunkeln am Flughafen von São Paulo landete. Nirgendwo gab es ein Schild in englischer Schrift. Vor mir läuft jemand mit einem Rucksack mit einem riesigen Rio-de-Janeiro-Aufkleber. Ich laufe ihm nach. Nach zwei Stunden Wartezeit und einer weiteren Stunde Flug landen wir in Rio de Janeiro. Der Flughafen ist wesentlich kleiner, als ich erwartet habe. Dieser Flughafen würde sich in Frankfurt zwischen den Gates verlaufen und nach seiner Mutter rufen. Der Mann an der Einreisekontrolle spricht kein Englisch, ich nur rudimentär Portugiesisch. Na super.

Ich bin lebend mit dem Bus an meiner Jugendherberge angekommen. Lebend meine ich deswegen, da die Busfahrer vor Ort ihren Bus mit einem Rennwagen verwechseln. Verkehrsregeln scheint es nur in der Theorie zu geben. Rote Ampeln gelten max. als eine Empfehlung. Auch in der Herberge spricht niemand Englisch. Größtenteils nicht einmal die Studenten, mit denen ich hier wohne. Das Toilettenpapier muss in einen Eimer neben der Toilette geschmissen werden, sonst verstopft diese sofort. Oh man, wo bin ich hier gelandet.

Der einzige Trost ist, dass ich von allen sehr herzlich empfangen wurde. Es gab Umarmungen und Begrüßungsküsschen.

Das erste Frühstück. Butter, ein weißes weiches Brötchen und einen Fingerhut Kaffee! Habe mir eine große Tasse geholt. Meine Mitbewohner meinen, diese sei für Kakao. Habe mir dreimal Kaffee geholt. Voller Ehrfurcht und Erstaunen werde ich angestarrt. Kurz darauf fällt der Strom aus. Habe ich jetzt mit meinem Kaffeekonsum das Stromnetz überlastet? Man erklärt mir, dass dies häufig, vor allem in den heißen Monaten geschieht, wenn alle Menschen ihre Klimaanlagen einschalten. Stimmt. Im Laufe meines Aufenthalts gab es mindestens zwei Stromausfälle in der Woche.

Ein Kommilitone hat mich gleich am 2. Tag mit zu einem Fußballspiel nach Maracaná genommen. Was für ein Erlebnis!! Überall wo ich vorgestellt werde, werde ich herzlich empfangen. Wir sind noch ein bisschen durch die Geschäfte gelaufen. Draußen waren es ca. 35 °C, in den Läden gefühlte 5 °C. Folgerichtig habe ich mir eine schwere Erkältung geholt. Wie halten die Menschen das hier bloß täglich aus?

Auf meinem Weg zum Labor bin ich fast auf einen Obdachlosen getreten. Davon gibt es hier sehr viele. In Rio leben ganze Familien auf der Straße. Ganze Straßenzüge voll!

Bin heute überfallen worden. Hätte mich doch im Dunkeln nicht in dieser Straße aufhalten sollen. Doch immerhin war ich vorbereitet. Das meiste Geld und meine Ausweise waren in anderen Taschen. Viele sind so arm, dass sie keinen anderen Ausweg wissen. Es muss immer etwas Geld im Geldbeutel sein, sonst werden die Diebe doch noch aggressiv.

So langsam kann ich die Sprache verstehen und sprechen. Die Menschen hier sind wirklich unglaublich freundlich. Ich weiß, wo ich mich wie zu verhalten habe. Ich habe ein paar Freundschaften geschlossen. Rio de Janeiro besichtigt. Ich stand am Christus. Ich habe mit Freunden Partys gefeiert, bin verreist und arbeite gut mit meinen Kollegen im Labor zusammen. Was mir aufgefallen ist, ist diese enorme Mischung aus arm und reich überall. Hier eine protzige Villa mit Wachmann und direkt daneben eine absolute Baracke, in der die Menschen gerade so das Nötigste haben.

Mein normaler Speiseplan: Gegrilltes, Feijão, Gegrilltes, Feijão, Gegrilltes, Feijão, Gegrilltes, ... und als Nachtisch selbstgemachte Pralinen von Marina. Diese verkauft sie an der Ecke meiner WG. Ich habe noch nie bessere gegessen. Das Leben hier findet auf der Straße satt. Abends kommen die Leute aus ihren Häusern. Viele bauen einen kleinen Grill auf und verkaufen selbstgemachte Spieße. Jeder Hygieneinspekteur würde vor Schreck sein Klemmbrett zerbeißen, aber es ist total lecker. Heute habe ich erfahren, dass man dies Churrasquinho de Gato (Gegrilltes von der Katze) nennt. Hm ... ich habe hier tatsächlich kaum Katzen gesehen. Ich dachte, die wären von den Straßenhunden gefressen worden. Hm ... ich glaube, ich hol mir noch einen.

Habe mich mittlerweile daran gewöhnt, dass Brasilianer immer mindestens eine Stunde zu spät zu einer Verabredung kommen. Als Deutscher kann ich sowas natürlich nicht gutheißen. Aber was heißt das hier schon. Wenn Brasilien ein Fußballspiel hat, dann steht das Land still. Egal an welchem Tag und Uhrzeit. Mittwochs um 13 Uhr!!! Überall brasilianische Flaggen, aber kein Geschäft hat mehr auf. Wirklich keines mehr!! Und ich wollte nur schnell etwas Obst kaufen. Ach ja, ich habe meinen Speiseplan erweitert. Das Obst hier schmeckt wundervoll. Wäre das Obst Brot, dann würde man in Brasilien bestes handgebackenes Brot verkaufen und in Deutschland nur Reiskräcker. Brot ist mit das Einzige, was ich wirklich vermisse. Hier gibt es nur dieses durchgeweichte Weißbrot. Auch das Bier fehlt mir. Das Bier hier wird bei ca. -3 °C aus 0,2l-Gläsern getrunken. Vier Mann teilen sich eine Flasche. Ich fühlte mich an meinen Kaffee-Fauxpas erinnert, als ich bei meinem ersten Barbesuch eine Flasche für mich allein bestellte und diese auch direkt austrank.

Karneval in Rio. Das zu beschreiben ist nicht möglich. Ich hatte die Chance, mit einer Sambaschule durch das Sambodrom zu laufen. Das ist ein Moment, den ich nie vergessen werde. Mit meinen Freunden zwei Tage durchgefeiert, einen dritten hätte ich wohl nicht verkraftet.

Brasilien und ich, wir hatten einen schweren Start. Aber ich habe mich dermaßen in dieses Land verliebt, dass ich es mit nach Deutschland genommen und geheiratet habe. Ich kann sagen, dass die sieben Monate zu den glücklichsten meines Lebens gehören. Das Land hat mich verändert. Ich kann hier leider nicht alle Eindrücke wiedergeben. Das, was ich hier geschrieben habe, waren aber ein paar jener Schlüsselmomente, die meinen Aufenthalt geprägt haben.

Wer einen Standard, wie ihn nur Industrienationen bieten können, braucht und unflexibel ist, dem würde ich Brasilien allenfalls als geführten zweiwöchigen Touristenurlaub empfehlen. Wer aber bereit ist, sich auf dieses Land und seine Menschen einzulassen, der wird dort eine unglaubliche Zeit erleben, und bestimmt nicht zum letzten Mal Brasilien besucht haben.«

Olga Benario-Prestes

Olga Benario wurde am 12. Februar 1908 in einer jüdisch-sozialdemokratischen renommierten Anwaltsfamilie in München geboren. Noch sehr jung engagierte sie sich in der kommunistischen Bewegung in Berlin. Sie flüchtete nach Moskau, nachdem ihr Genosse und Freund Otto Braun wegen Hochverrats und Spionage angeklagt und inhaftiert worden war und anschließend unter ihrer Führung aus dem Untersuchungsgefängnis Berlin-Neukölln durch eine bewaffnete Aktion befreit wurde. Bald wurde sie Delegierte des V. Weltkongresses der Kommunistischen Jugendinternationalen und arbeitete als Stenotypistin in der sowjetischen Handelsmission. In Russland besuchte sie die Internationale Lenin-Schule und arbeitete als Instrukteurin der Kommunistischen Jugendinternationalen. In der Ukraine bekam sie eine militärische Ausbildung, lernte Fliegen und Fallschirmspringen. 1934 reiste sie zusammen mit dem brasilianischen Revolutionär Luís Carlos Prestes nach Rio de Janeiro, getarnt waren sie als ›portugiesisches Ehepaar in den Flitterwochen‹, in Wahrheit war sie seine Leibwächterin.

Luís Carlos Prestes war der Generalsekretär der Kommunistischen Partei Brasiliens (PCB). Als Hauptmann führte er zwischen 1925 und 1927 mit 1.500 Soldaten und Offizieren aus dem Mittelstand der Bevölkerung die Coluna Prestes (der ›Zug Prestes‹ war eine militärisch-politische Bewegung der Jahre 1925 bis 1927 aus dem Umfeld der Leutnantsaufstände (tenentismo) in Brasilien – aus Wikipedia) gegen die Oligarchen Brasiliens an. Sie gingen 25.000 Kilometer (fünfzehnmal Berlin–Moskau per Flug) kreuz und quer durch

Brasilien. Die Bewegung verlangte geheime Wahlen, schrie ihre Frustration gegen die ›Alte Republik‹ heraus und erstrebte ein vom Staat getragenes Bildungswesen. Die besagte Coluna Prestes knickte das Prestige der ›Alten Republik‹. Prestes und seine Männer besiegten zwölf Generäle und machten Carlos Prestes damit berühmt. Er wurde ›Ritter der Hoffnung‹ benannt. 1988 erzählte er in einem Interview, dass ihm während des Marsches, als er in Kontakt mit den Bauern kam, bewusst wurde, wie schnell sie kapierten, was in Brasilien los war. Die Coluna zeigte den Bauern, in welcher Armut und unter welcher Ausbeutung sie lebten. Die Bauern verstanden, was Prestes meinte, gaben ihm aber nicht die notwendige Unterstützung für eine Revolution. Mit dem Flop der Bewegung floh er 1928 nach Bolivien, wo er sich mit dem Marxismus beschäftigte, danach reiste er weiter nach Moskau. In Moskau begegnete er Olga zum ersten Mal und bereitete sich für die nächste Runde vor.

Die zunächst nur inszenierte Nebenrolle als elegante bürgerliche Ehefrau in den Flitterwochen verwirklichte sich später. Aus ihren Rollen in einem dramatischen Theaterstück wurde Realität, sie sind ein echtes Paar geworden. Aber man sollte nicht vergessen, dass ihre Priorität immer noch die Vorbereitung der brasilianischen Revolution war.

Zum Leidwesen von Prestes, der zukünftigen Mutter seiner Tochter und der Kommunistischen Partei misslang der Coup d'État vom November 1935 gegen die Regierung Vargas, da die Unterstützung der Bevölkerung beschönigt und falsch eingeschätzt und die Führung durch Verrat demontiert wurde. Für Olga und Prestes blieb nur ein Untertauchen, ein Versteckspiel. Die Regime Vargas zeigte aber kein Pardon.

Filinto Müller, der Polizeichef von Rio de Janeiro, verfolgte das Paar, das von einem anderen Brasilien träumte. Die Ehefrau des Generalsekretärs der Kommunistischen Partei Brasiliens, Elza Fernandes, geriet unter Spionageverdacht. Sie wurde mehrmals verhaftet und freigelassen, und nach jeder Freilassung wurde jemand festgenommen. Prestes und seine Kameraden beschlossen, sie zu eliminieren. Elza wurde gejagt und stranguliert.

Die Regierung Brasiliens, damals eine faschistische Diktatur, sympathisierte mit dem Nazi-Regime in Deutschland. Juden bekamen zu der Zeit in Brasilien kein Einreisevisum. Den Einspruch gegen Olgas Abschiebung, den Prestes Mutter Leocádia einlegte, lehnte der Oberste Gerichtshof ab. Die Gestapo hatte detaillierte Informationen über Olga Benario, ihre Herkunft, Arbeit und Aufenthalte. Sie war auch gut informiert über ihre privaten und die politischen Beziehungen. Der Präsident Getúlio Vargas und alle Richter des Oberstes Bundesgerichts entschieden, trotz internationaler Proteste, die hochschwangere Olga Benario an die Nazis auszuliefern. So musste Olga am 21. September 1936 an Bord des deutschen Schiffes La Coruña gehen. Der Gestapo-Befehl lautete, das Schiff bis Hamburg ohne Zwischenstopp fahren zu lassen. Es gab schon unzählige Fälle, in denen Seeleute deutsche Gefangene in Portugal, Spanien oder Frankreich freigelassen hatten. Und das wollte die Gestapo vermeiden.

Olgas Tochter Anita Leocádia Benário Prestes kam 1936 zur Welt, blieb aber nur zwei Jahre bei ihrer Mutter. Prestes Mutter übernahm das Kind.

Olga verbracht vier Jahre im KZ Ravensbrück und wurde 1942 in Bernburg mit Gas ermordet. Ihr Vater war 1933 verstorben, ihre Mutter wurde in Theresienstadt und ihr Bruder Otto in Auschwitz ermordet. Ihre Tochter Anita Leocádia lernte erst 1945 ihren Vater kennen, als er aus dem Gefängnis freigelassen wurde.

Anita, eine Historikerin, lebt heute in Brasilien.

Antônio Manuel Lima Dias – Maler

»Ich habe alles hinter mir gelassen und in Europa Leute in meinem Alter gesucht. Früher habe ich nur mit älteren Menschen gelebt. Ich war sehr zurückhaltend«, erzählt der Maler Antônio Dias, der in Campina Grande, Paraíba, 1944 geboren wurde.

Für jemand, der sich selbst als ›zurückhaltend‹ sah, ist Antônio Dias sehr weit gekommen. Dias' Leben wurde von seinem Mentor – dem Großvater –, der ihm die elementare Zeichentechnik beigebracht hatte, als er noch ein Kind war, und dem nomadischen Lebensstil seiner Familie, in dessen Folge es schwierig war, der Armut zu entkommen und eine Arbeit im damaligen Nordosten Brasiliens zu finden, sehr geprägt. Schon als Junge verdiente Antônio Dias sein erstes Geld mit Zeichnen, indem er Flaschen-Etiketten zeichnete. Mit 14 zog er nach Rio de Janeiro, wo es ihm gelang, mit seiner Begabung seinen Unterhalt zu finanzieren. Er konnte bei Professor Oswaldo Goeldi in der Nationalen Kunstschule studieren. Mit 21 Jahren bekam er von der französischen Regierung ein Stipendium für ein Kunststudium in Paris, wo er bis 1968 blieb und die ganze Studentenbewegung miterlebte. Es war in diesem Moment, dass er realisierte, dass er bis dahin eigentlich nur mit alten Leuten gelebt hatte und dass er viel lieber mit jungen Leuten seines Alters leben wollte. Im Anschluss, immer noch unter 30, gewann er wieder ein Stipendium, jetzt von der Simon Guggenheim Memorial Foundation und siedelte nach New York über. Seine Ausbildung vervollständigte er noch in Indien und Nepal, wo er die tausendjährige handwerkliche Produktion von Papier lernte.

Antônio Dias lässt sich nicht auf die zweidimensionale Malerei von Bildern beschränken. Er segelt ebenso durch die dreidimensionale Kunst, wenn er mit Gips, Reliefs, Eisen, Graffitis und Collagen über Stoff arbeitet. Zurück in Brasilien, wird er Professor an der Universität Paraíba, arbeitet als Grafikdesigner, illustriert Buchcover für bekannte Schriftsteller. Jahre später wurde er Kunstprofessor der Sommerakademie für bildende Kunst in Salzburg und danach Professor an der Staatlichen Akademie der bildenden Künste in Karlsruhe. Dias wurde ein Multimedia-Künstler. Er hat Videos und Super-8 Filme gedreht, Comics gezeichnet und Fotos geschossen.

»Heute arbeite ich nur ab und zu. Malen interessiert mich nicht. Malen langweilt mich. Malen ist ein Beruf. Was wichtig ist, ist nie gleich zu sein. Die Hauptsache ist, dass man bereit ist, sich immer zu verändern.«

Seit 1989 lebt er in Köln.

Erfahrungen von Brasilianern in Deutschland

Deutsche sind verbaler, Brasilianer reicht ein Lächeln
Frau D., die in einem Dorf lebt, fragte eine gute deutsche Freundin, die am Wochenende nach Frankfurt fahren wollte, ob sie ein bestimmtes Buch mitbringen könnte. Die Deutsche kaufte es und teilte der Brasilianerin am Telefon mit, sie brauche das Buch nicht zu bezahlen, es wäre ein Geschenk. Frau D. sagte mehrmals: »Ah, wie schön, wie nett du bist«, und über das ganze Gesicht strahlend holte sie das Geschenk ab. Tage danach wollte die Deutsche nicht mehr mit ihr reden. Und sie wusste nicht, was passiert war. Nach einiger Woche offenbarte die Deutsche, dass Frau D. sich nicht für das Geschenk bedankt hätte. »Wieso? Und mein Dankeschön-Lächeln?« Frau D. stellte fest: Ein Lächeln reicht nicht, man muss »Dankeschön« auch verbalisieren.

Seltsame Frage bei einer Deutschen über Brasilien II
Eine Schulfreundin fragt die Tochter von Frau M., Historikerin und in Deutschland seit 1997: »Hast du schon Orangen gegessen?« (Brasilien ist der größte Produzent und Exporteur von Orangensaft in der Welt und verantwortlich für die halbe Welt-Produktion.)

Fußball
Der junge P. spricht über Fußball: »Bis vor kurzem war es für mich undenkbar, das Trikot der deutschen Mannschaft anzuziehen. Weil es in Brasilien die Kultur des Rivalen gibt, das heißt, wenn jemand Corinthias-Fan ist, würde er nie im Leben ein São-Paulo-Trikot tragen. Heute ist es etwas lockerer

geworden. Zumindest wenn es um Nationalmannschaften geht.«

Herr H. berichtet Ähnliches aus Rio de Janeiro: »Ich habe schon viele Sommer hinter mir und auch ein paar Fußball-Weltmeisterschaften erlebt. Damals war die Fußballleidenschaft größer und stärker als heute. Die ausländischen Nationalmannschaften waren nicht nur Gegner, sie waren fast unsere ›Feinde‹. Undenkbar, das Trikot des ›Feindes‹ anzuziehen. Es war etwas zwischen Leben und Tod. Fußball war auch der Haupt- und einzige national bekannte Sport. Die Spieler lebten in Brasilien, die Fangemeinde hatten direkt Kontakt mit ihren Lieblings-Mannschaften und deren Spielern, nicht nur am Wochenende während eines Spieles, auch an Werktagen während des Trainings. Wir sind täglich zum Klub gegangen, wir atmeten Fußball. Es war eine Passion. Pelé und Garrinha wurden wie Götter verehrt. Heute werden die noch sehr jungen Spieler an irgendeinen Klub in Europa verkauft. Sie leben von Anfang an im Ausland. Sie kommen nur im Urlaub hierher zurück. Den direkten Kontakt zwischen Fan und Spieler gibt es nicht mehr, es ist vorbei. Ich, zum Stadium? Damals ja. Heutzutage bleibe ich zu Haus und schaue nicht nur Fußball, sondern auch Volleyball, Basketball, Formel 1, sogar Wintersport, was wir in Brasilien gar nicht haben.«

Frau M. C. L. und der brasilianische Verlust der Fußball-WM 2014. »Offensichtlich wäre es gut für uns gewesen, wenn Brasilien die Fußball-WM gewonnen hätte. Aber es war nicht der Fall. Und im Grunde genommen sehen wir auch die positive Seite. Brasilien wurde immer als das Land des Fußballs und Karnevals gesehen. Aber auch als das Land des Chaos, des Jeitinho Brasileiro, und es wurde als nicht-seriöses Land betrachtet. Und wir haben eine super gut organisierte WM geschafft. Alle Fußballstadien waren fertig, die Sicherheit der Touristen war klasse. Sogar die Auslandskorrespondenten haben die WM in Brasilien als die am besten organisierte WM jemals gewählt. Es gab keine Tumulte, außer kurz vor Beginn der WM, als Rechtsradikale zum Protest gegen die Spiele aufgerufen haben. Es war ein großer Erfolg für uns.«

Umwelt und Mülltonne
Frau E. erzählt über ihre erste Erfahrung mit Mülltrennung in Freiburg, wo sie den Winterkurs DAAD 2007 besucht habe. »Es ist alles super hier. Ich habe Kollegen aus allen Ecken der Welt im Winterkurs. Wir sind alle neugierig und in Partylaune. In dieser Stadt scheint ja alles nah an der Perfektion zu sein. Wir konnten unsere Uhren nach den Bahnen stellen. Die Straßen waren sauber, und unsere deutschen Dozenten waren sehr nett und aufgeschlossen. Ich wohnte in einer Zweizimmer-Wohnung, die aus brasilianischer Sicht nur ein Zimmer hätte ... hehe. Sie sind hier wahnsinnig verrückt nach Mülltrennung. Alles wird in Glas, Bio, Restmüll und Gelbe Tonne getrennt. Meine argentinische Mitbewohnerin und ich sind begeistert, aber doch ein bisschen verwirrt. Die alte Dame im 3. Stock hat wohl unsere Mülltonne gecheckt. Am nächsten Tag gab es ein Zettel darauf, wo sie schrieb, was wir wo hineinschmeißen sollten. Nett, aber schon ein bisschen zu aufdringlich. Naja.«

»Die Mülltrennung in Deutschland hat mich gleich nach

meiner Ankunft sehr beeindruckt«, erzählt Frau L. »In Brasilien gab es zu meiner Zeit keine Müllsortierung. Und in Deutschland hatte es gerade angefangen. Es war 1980, die Zeit der Gründung der Grünen Partei in Deutschland. Die jungen Leute sprachen nur darüber. Sie dachten, sie würden die Welt ändern, wie wir in den 60er dachten. Ich erinnere mich noch, dass eine Freundin meines verstorbenen Mannes mich von dieser Bewegung überzeugen wollte. Ich war damals in Brasilien sehr politisch engagiert und habe ihr gesagt, dass wir in Brasilien noch gegen den Hunger kämpften und dass jedes Land sich mit seiner eigenen Realität und seinen Grundbedürfnissen beschäftigen sollte. Und unsere in Brasilien waren andere. Sie war sauer auf mich. Es war hart für eine Deutsche, die unter keinem materiellem Mangel leidet, zu verstehen, dass es in dieser Welt noch Menschen gibt, die nicht jeden Tag genug zu essen haben.

Heute gibt es Container für Mülltrennung auch in Brasilien. Überall sieht man solche Plastikeimer für Papier, Dosen, Plastik und Essenreste. Es gibt auch eine Grüne Partei, von der man aber nichts hört. Theoretisch ist es eine Partei, die sich mit Umwelt beschäftigen sollte, aber im Grund genommen kommt kein Wort über dieses Thema aus ihrem Mund.

In Deutschland hat die Generation der 80er des letzten Jahrhunderts zwar keine neue Welt geschaffen, aber doch viel erreicht. Brasilien hat es gerade geschafft, aus der Hunger-Karte der FAO herauszukommen, hat also auch einen riesigen Schritt gemacht. Nun ist Zeit für uns, mehr in Umweltpolitik zu investieren.«

Definition der Zeit

P. aus Rio de Janeiro: »Wie ich die Deutschen und die Brasilianer definieren würde? Die Deutschen sind pünktlich. Die Brasilianer kommen, wenn es geht. Die Deutschen haben die Uhren. Die Brasilianer haben die Zeit.«

Ein Witz

Frau B., Journalistin und Pädagogin, erzählt einen Witz. »Ein brasilianischer Politiker besucht einen deutschen Politiker in Deutschland. Der Deutsche zeigt ihm die Elbphilharmonie in Hamburg und fragt: ›Sehen Sie dieses wunderschöne Gebäude?‹ Der Brasilianer antwortet: ›Ja, ich sehe es.‹ Und der Deutsche zeigt auf seine Hosentasche und sagt: ›30 Prozent dieses Bauwerks sind hier‹. Eines Tages besucht der deutsche Politiker seinen Kollegen in Brasilien, der mit ihm aufs Land fährt. Der Brasilianer: ›Sehen Sie diese Bundesstraße?‹, ›Nein, ich sehe nichts außer Bäumen ‹, antwortet der Deutsche. ›100 Prozent der neuen Straße sind hier in meiner Hosentasche‹, erwidert der Brasilianer.«

Haben die Deutschen Humor?

Frau E. nach der zweiten Woche in Freiburg. Auf der Suche nach Haushaltswaren. »In der zweiten Woche war ja nicht nur Party angesagt, dann habe ich doch schon ein paar Sachen für mich und für den Haushalt gebraucht. Es war lustig, ich konnte im Konjunktiv sprechen und den schweren Genitiv einsetzen, konnte aber keinen Besen kaufen, ohne eine Pantomimen-Show zu machen. Das Gleiche mit dem Linsenbehälter, den ich auf meiner Vorreise verloren hatte, und mit dem Zwischenstecker, den ich an der Kasse des Elektrogeschäfts detailliert beschreiben musste, nicht ohne leicht ausgelacht zu werden. Und viele sagen, dass die Deutschen keinen Spaß verstehen. Von wegen.«

Mein Kind ist deutsch ...
»Leider verweigern viele Brasilianerinnen ihren Kindern die Möglichkeit, Portugiesisch zu lernen«, berichtete Frau F. aus Pernambuco. »Aber die Argumente überzeugen mich nicht. Sie sagen: ›Die Kinder sollen zuerst die deutsche Sprache lernen.‹ Aber wenn sie später versuchen, ihren Kindern einige Worte Portugiesisch beizubringen, dann sind die Kinder schon zu ›faul‹ geworden, um die Muttersprache zu lernen. Zu spät. Sie lehnen sie ab. ›Ah, sie werden die zwei Sprachen in ihren Köpfen verwechseln und am Ende keine richtig sprechen.‹ Es ist bekannt, dass das manchmal passiert, aber später könnten die Kinder durchaus gut differenzieren und ohne Akzent beide fließend sprechen.«

Frau G. und Frau M. erzählen ähnliche Geschichten. Frau G: »Ich wollte Portugiesisch mit meinen Kindern sprechen, aber mein Mann war dagegen. Er sagte, er wolle keine Sprache in seinem Haus hören, die er nicht verstehe.« Frau M: »Ich habe meinen Mann damals gefragt, wie sollten unsere Kinder mit ihren Großeltern sprechen und diese verstehen, wenn sie nach Brasilien reisen würden. ›Sie leben hier und sollen Deutsch lernen. Und ich entscheide. Wenn sie groß werden, entscheiden sie selbst, ob sie die Sprache lernen wollen oder nicht‹.«

Mein Kind ist halb deutsch ... Kinderpflege
Frau E. und Kindererziehung. »Als mein Sohn G. zur Welt kam, habe ich von einigen Leuten gehört, dass man Kinder nicht täglich baden soll. Ich habe dann gesagt, er ist Halb-Brasilianer und damit zum täglichen Bad berechtigt. Und so war es. Bis heute freut er sich über seinen täglichen Badespaß.«

Kindergeburtstage
Frau M. E. Mutter eines Kindes: »›X-Jahre, x kleine Gäste werden eingeladen.‹ Das gilt aber nicht, wenn die Party bei der brasilianischen Oma stattfindet. Papa C. war ein bisschen geschockt, als er mehr als 30 Gäste auf der angeblich ›kleinen‹ Party gesehen hatte. Gefreut hat er sich aber trotzdem sehr, da es wie gewöhnlich viele leckere ›docinhos de leite condensado‹ gab. Und woher kamen all diese Kinder? Tja, von denen gibt es viele bei uns in Brasilien.«

Kinder früh ins Bett?
Frau H. weiß nicht, was sie machen soll. »In Deutschland gehen die Kinder zu früh ins Bett. Oder sind es unsere Kinder in Brasilien, die zu spät ins Bett gehen? Ich weiß es nicht. Ich finde es einfach sehr besonders, wenn ich sehe, dass Kinder um 18 Uhr ins Bett gehen müssen. Für die Eltern ist das praktisch und bequem. Sie haben mehr Zeit für sich selbst. Und wie ist es für die Kinder, die ihre Eltern nur ganz kurz früh und abends sehen?«

Weil ich aus Brasilien komme
Frau B., Projektleiterin in Hamburg: »Wegen meiner

Hautfarbe bin ich nie angegriffen worden, aber weil ich Brasilianerin bin, ja. Es war nicht lange nach meiner Ankunft in Deutschland. Ich habe Perkussion in einer gemischten Musikgruppe gemacht. Wir waren zu einer Nachmittags-Party eingeladen, um 3 bis 4 Mal zu spielen. Dabei waren auch einige Sambatänzerinnen. Es war auf dem Gut einer aristokratischen Familie in der Nähe Hamburgs. Das Essen nach der Show kommt normalerweise zu uns ins Künstlerzimmer oder wir sind auch mit allen Gästen zusammen zum Buffet eingeladen. Doch dort haben sie uns in den Keller zum Essen gebeten. Dort, wo die Küche sich befand, sollten wir zusammen mit den Hausangestellten, die uns mit verdrehten Augen betrachteten, essen. Sie gaben uns Sauerkraut mit Eisbein, was uns verständlicherweise nicht begeisterte. Sie sagten uns: ›Essen Sie, was es gibt, und machen Sie keinen Ärger.‹«

Herr H., Musiker: »Ob ich mich diskriminiert fühle, weil ich Brasilianer bin? Ja! Aber das ist abhängig von meiner Kleidung. Wenn ich einen schwarzen Anzug trage wie jetzt, werde ich besser behandelt. Wenn ich schlicht angezogen bin, sind sie arroganter zu mir.«

Weil ich die Sprache nicht beherrsche
Frau B. aus Hamburg: »Obwohl ich relativ gut Deutsch spreche, bin ich schon auf meiner Arbeit diskriminiert worden, weil ich einige Sprachfehler gemacht habe. Ein Kollege von mir hatte sich dann lustig über mich gemacht. Sarkastisch wiederholte er, was ich gerade gesagt hatte. Ich schrieb ihm eine E-Mail und sagte darin, ich würde ihn nie wieder um einen Gefallen bitten, und habe ich mich entschuldigt,

weil ich nicht gut Deutsch sprach. Nach einem Jahr entschuldigte er sich. Und in der Silvesterfeier hat er mich zum Tanz gebeten.«

Frau E. aus Ludwigshafen am Rhein erinnert sich an irgendeine Bahnfahrt nach Freiburg im Breisgau. »Endlich habe ich die Chance, Deutschland live kennen zu lernen. Immerhin habe ich schon drei Jahre Germanistik hinter mir. Ich sitze allein mit meinem Koffer in der Fahrradabteilung einer Bahn. Irgendwann steigt ein älterer Herr ein, gibt mir eine Neujahrskarte und fragt mich etwas. Ich verstehe nur Bahnhof. Er sagt noch etwas und lächelt. Ich lache aus Nervosität und denke, ich werde wohl verhungern, wenn alle so wie er reden. Drei Jahre Hochdeutsch umsonst! Später steige ich in Freiburg im Breisgau aus. Gott sei Dank können sie dort Hochdeutsch und ich komme heil zum Hostel. Später habe ich erfahren, dass der Mann mich wohl in Schwäbisch angequatscht hat.«

Frau M., Ehefrau eines lutherischen Pastors: »Es war ein Sonntag während eines Gottesdienstes. Ich nehme auch an der Arbeit meines Mannes teil und dieses Mal sollte ich während der Verteilung des Heiligen Abendmahls einige auswendig gelernte Worte laut sagen. Leider hatte ich Teile des Gebetes vergessen. Eine Deutsche neben mir hatte bemerkt, dass ich stotterte und sofort meine Aufgabe übernommen. Sie sagte, was eigentlich ich sagen sollte. Das Problem war nicht ihr Schritt nach vorn und dass sie meine Aufgabe übernahm, sondern was sie meinem Mann danach sagte: ›Sie haben Spanisch gelernt, aber ihre Ehefrau hat nicht Deutsch gelernt.‹

Ihre Tonart war verurteilend. Und es kommt noch dazu, dass sie nicht weiß, dass wir Brasilianer nicht Spanisch, sondern Portugiesisch sprechen.«

Frau H., die schon jahrelang in Deutschland lebt, erzählt: »Ich war erst kurz in Deutschland und bin allein zu einer Bäckerei. Ich wollte ein bestimmtes Brot kaufen, konnte aber den Namen nicht richtig aussprechen. Nach dem zweiten erfolglosen Versuch kehrte mir die Verkäuferin den Rücken. Ich war verblüfft.«

Frau B. B., Journalistin aus Hamburg: »Die Freunde meines Mannes fragten mich damals oft, welches berufliche Ziel ich in Deutschland hätte. Ich antwortete, dass ich schon Journalismus in Brasilien studiert hatte und dass ich gern weiter studieren möchte. Sie kamen immer mit dem gleichen Argument dagegen: ›Aber das ist sehr schwer ...‹«

Frau A. erzählt: »Mein Mann, der Vater unserer beiden Kinder, ist der Sohn eines Deutschen, wurde aber in Brasilien geboren. Wir haben geheiratet und uns entschieden, nach Deutschland zu emigrieren. Damals konnte ich noch kein Deutsch sprechen. Hier wurde ich schwanger. Und als meine Tochter geboren wurde, habe ich erlebt, wie schwer es sein kann, in Deutschland zu leben und die deutsche Sprache nicht zu beherrschen. Ich war noch im Krankenhaus mit meinem Kind. Eines Tages kam die Krankenschwester und machte mit Gewalt die Gardine und das Fenster auf. Sie sprach laut und unfreundlich. Weil ich nicht verstanden habe, was sie mir befahl, packte sie mich am Arm und nahm mich mit zur

Toilette. Sie informierte mich, wie ich die Toilette nach jeder Benutzung sauber halten sollte.«

Deutsche Freunde
»Deutsche Freunde?«, fragt Herr H., Musiker und Poet, als er gefragt wird, ob er in einem brasilianischen Ghetto lebt oder an einem deutschen Freundeskreis teilnimmt. »Nein, ich habe keinen deutschen Freundeskreis. Und weißt du, warum? Weil ich die Deutschen nicht verstehe. Ich habe diese Leute nie verstanden. Ich kann keine Bindung mit etwas aufbauen, das ich nicht verstehe. Ich habe es nie geschafft, die deutsche Seele zu fühlen. Sie ist mir fremd geblieben. Es ist mir klar, dass sie sich als die Besten dieser Welt finden. Deutsch zu sein, wäre ein Privileg denken sie. Wenn einer ein bisschen freundlich und hilfsbereit ist, dann behandelt er die Ausländer wie Kinder, sie sprechen wie Indianer: ›Ich Jane, du Tarzan.‹ Sie sind sehr nett und hilfsbereit am Flughafen, wenn man in die Heimat fliegt. Aber auch im Krankenhaus. Ich bin einmal operiert worden und sie waren sehr nett. Nee, mein Freundeskreis ist klein und besteht nur aus Brasilianern. Keine Ausländer, keine Deutsche. Nur Brasilianer.«

Illegal in Deutschland leben
Frau A. lebt seit acht Jahren illegal in Deutschland. »Ja, ich bin schon mehrmals diskriminiert und gedemütigt worden, weil ich schwarz und arm bin. Und das Problem ist, weil ich illegal hier lebe, kann ich mich nicht wehren, nicht zurückschlagen. Ich schlucke einfach die Angriffe hinunter und gehe den Aggressoren aus dem Weg. Wer illegal lebt, kann auch nicht frei, ohne Sorge an einer Unterhaltung teilnehmen.

Falls eine ganz normale, unbedeutende Frage gestellt wird, kann eine falsche Antwort alles kaputtmachen. Man ist immer vorsichtig. Ich darf keine Aufmerksamkeit erregen. Nur bei Leuten, die von meinem Zustand wissen, bin ich locker.«

Frau A. hat viel in diesen acht Jahren in Deutschland als Putzfrau erlebt. Sie beschreibt einige extreme Situationen, in denen sie direkt oder indirekt angegriffen wurde.

»Ich arbeitete als Putzfrau in einem Geschäft und manchmal habe ich auch bei meinem Chef in seinem Haus gearbeitet. Eines Tages hat er Besuch zum Dinner gehabt und ich sollte beim Essen bedienen. Als ich auch Wein anbieten sollte, nahm ich den Rotwein und mein Chef die Weißweinflasche. Wir beide fragten gleichzeitig den Gast, was er trinken möchte. Und der antwortete mit einer komischen Miene: ›Ich nehme den von der kleinen Brasilianerin.‹ Ich musste es durchstehen und weiterarbeiten, als ob ich nichts gehört und bemerkt hätte und dabei nett bleiben. Aber es war sehr hart, das auszuhalten.«

Mit Deutschen zusammenarbeiten

Frau B. und der gut konstruierte Mythos des deutschen Perfektionismus. »Ich habe in Brasilien und Deutschland studiert. Aber ich hatte immer viel Angst, nicht genug zu wissen, ich war unsicher, wusste nicht, ob ich fähig wäre, mit Deutschen zusammenzuarbeiten. Es war dieser verdammte Inferioritätskomplex. Ich dachte, ich hätte nicht das gleiche Niveau wie die Deutschen. Und noch schlimmer: Ich würde nicht das Selbstvertrauen der Deutschen erreichen. Heute ist mir klar, dass meine Unsicherheit auch von meinen fehlenden Erfahrungen kam. Wenn man sieht, wie unsicher die Deutschen sind, verschwinden alle Bedenken. Eigentlich hatte ich Angst, nicht akzeptiert zu werden. Ich war total überrascht, als ich zu zwei Interviews eingeladen wurde. Ich dachte, ich würde es nie schaffen, diesen Arbeitsplatz zu kriegen. Es hat aber geklappt und ich bin mit meiner Tätigkeit zufrieden.«

Herr P. arbeitete bei einer deutschen Importfirma in Frankfurt und erzählt über das Arbeitsverhältnis zwischen deutschen Kollegen. »Was mich störte, war die Formalität zwischen den Kollegen: Herr hier, Frau da ... Die Entfernung zwischen Menschen muss man immer im Auge behalten. Die Anrede beim Vornamen ist sehr schlecht angesehen. (Heute ist es schon mehr üblich, das sich Kollegen der gleichen Hierarchiestufe duzen.) Sie aber sehen diesen Abstand als produktiv und professionell. Meine Frage wäre: Behandelten sie sich so, weil sie kalt sind, oder sind sie kalt, weil sie weiter voneinander entfernt sind? Was ich von den Deutschen gelernt habe? Nichts Besonderes. Aber ich habe beobachtet, was für sie wichtig ist und was mir daran gut gefällt: Pünktlichkeit, Gründlichkeit und Genauigkeit. Und was sie von uns interessant finden: den Jeitinho Brasileiro, also wie wir positiv schnell einen Ausweg in komplizierten Alltags-Komplikationen finden, unsere Improvisation und Spontaneität.«

Herr A., der in einem Restaurant am Hafen Hamburgs arbeitet und seit langem in Deutschland lebt, aber immer noch nicht die deutsche Sprache beherrscht. »Wo ich arbeite, ist ein Babel. Der deutsche Chef schreit und beschimpft alle. Aber wenn es Grund gibt, lobt er uns auch. Ich wasche Teller, putze Fußböden und hole schmutziges Geschirr und Gläser von den vielen Tischen. Ich arbeite wie ein Sklave und verdiene weniger als meine Kollegen. Der Grund dafür ist, so sagen sie in dem Restaurant, dass ich die deutsche Sprache nicht gut spreche noch verstehe.«

Rassismus ... oder nicht?!
Frau W. aus München auf der Suche nach einer Bleibe.
»Als wir uns kennengelernt hatten, dachten mein Mann und ich nicht daran, nach Deutschland zu kommen. Wir wollten in Brasilien bleiben. Aber seine Mutter brauchte ihn, als ihr Mann, sein Vater, gestorben war. So sind wir nach Deutschland gekommen, um eine Weile hier zu bleiben. Von einer Weile sind inzwischen zwanzig Jahre vorbei. Wie heute war es damals auch schwer, eine Wohnung zu finden. Damals, weil es kaum freie gab, und heute, weil sie zu teuer sind. Vor jeder angebotenen bezahlbaren Wohnung gab es eine Schlange vor der Tür. Alle wollten eine Bleibe. Ich bin mit meinem Mann zu einer Wohnungsbesichtigung gegangen, als ich noch nicht deutsch sprechen oder verstehen konnte. Daher habe ich während des Interviews nichts kapiert, was gesprochen wurde. Ich weiß nur, dass die Wohnung mir besonders gut gefallen hat – sie war groß und hell. Nur mit dem Fußboden war ich nicht zufrieden, aber ich dachte, wir könnten später neuen Teppichboden verlegen. Während mein Mann mit dem Besitzer redete, habe ich in alle Ecken geguckt und geträumt, was ich dort machen würde. Mir war klar, dass wir die Wohnung kriegen würden. Wir hatten alles, was wir gefragt wurden, beantwortet. Mein Mann verdiente gut, hatte eine stabile Arbeit und wir hatten nur ein Kind. Sie haben circa zwanzig Minuten gesprochen. Der Besitzer war nett. Jedoch hat er mir

nicht in die Augen geblickt, was ich damals sehr komisch fand. Aber ich dachte, es wäre wohl nur ein kultureller Unterschied. Nach einer Woche kam die Antwort: Die Wohnung war schon vermietet. Ich erinnere mich, ich habe meinen Mann mehrmals gefragt, warum wir sie nicht bekommen haben. Er gab mir damals keine Erklärung dafür. Hat nur mit den Achseln gezuckt. Jahre später sagte er mir, dass wir die Wohnung nicht gekriegt haben, weil ich Ausländerin mit dunkler Haut bin.«

Frau B. und ihr Pixiebraids-Haarstil: »Als meine Tochter noch klein war, fuhr ich mit ihr im Kinderwagen in der U-Bahn. Wir stiegen in einer U-Bahn Station aus, in der es weder Lift noch Rolltreppe gab. Und ich musste mit dem Babywagen nach oben. Vor mir sah ich nur eine riesige Treppe mit zahlreichen Stufen. ›Ich werde es nie schaffen, allein mit dem Wagen nach oben zu kommen‹, dachte ich. Ich habe mehrmals Leute am Anfang der Treppe um Hilfe gebeten. Keiner half mir. Sie sind einfach vorbei gegangen und haben mich übersehen. Oder besser, mich nicht gesehen. Ich fühlte mich damals hoffnungslos. Ich meinte, keiner hätte mir geholfen, weil ich dunkelhäutig war und einen Pixiebraids-Haarstil trug. Bis ein Mann, der mich die ganze Zeit beobachtet hatte, endlich kam und mir aus der Sackgasse heraushalf. Später habe ich mich mit anderen Müttern unterhalten, mein Erlebnis erzählt und gefragt, wie es war bei ihnen war. Sie sagten, ihnen wäre genau das Gleiche passiert. Das hat mich damals beruhigt.«

Frau E., die an der Universität Heidelberg studiert, erzählt: »Mein Mann ging mit seinen besten Freunden zu seiner Stammkneipe. So ein kleines Fußballlokal, das zu einer Familie seiner Nachbarschaft gehört. Als ich zum ersten Mal bei ihm zu Besuch war, haben die Jungs sich entschlossen, mich mal zum Steiner mitzunehmen, um mir zu zeigen, wo sie die guten alten Zeiten verbracht haben. Wir kamen rein, es war ein Samstag, 19 Uhr abends, und die Inhaber waren dort mit ein paar Freunden in ihrem Wohnzimmer aka Kneipe. Alle schon richtig blau. Sie erkennen die Jungs, und die Frau, die D. hieß, begrüßte sie und fragte nach ihren Freundinnen, ja, genau die, die sie in der Pubertät kennengelernt hatten. C. stellte mich als seine neue Freundin vor. Sie schauten sich erstaunt an, ich glaube, ich war die erste Dunkelhäutige, die sie je gesehen hatten. Sie sagten nichts Rassistisches oder so, sie waren eigentlich neugierig, es fehlte nur, dass sie mich streicheln, um zu sehen, ob die Farbe abgehen würde. Ich war die Exotin des Abends.

Eine der ›Freunde‹ ein alter Herr, auch komplett betrunken, fragt, woher ich komme. ›Brasilien‹, sagte ich. Er hat ja dann sofort mit Fußball-Geschichten angefangen, ›Pelé … Pelé!‹ Und sagte meinem Mann, er hätte ja viel Glück, ich wäre super (mit Daumen hoch und so).

Heutzutage lachen wir immer über diese Nacht, aber an dem Tag war es ehrlich gesagt sehr anstrengend. Die Jungs sind nie mehr zum Steiner gegangen. Und ich glaube, dass alle Stereotypen bedient wurden. Na sowas.«

Frau A. erzählt: »Ich habe schon mehrmals in gut gefüllten U-Bahnen und Bussen gesessen, wo es nur neben mir einen leeren Platz gab. Und obwohl viele Deutsche standen, hat sich niemand neben mich gesetzt. Hat sich niemand neben mich gesetzt, weil ich schwarz bin? Wenn ein leerer Platz woanders frei geworden ist, wurde er sofort erjagt. Und ich betone: Obwohl es neben mir immer leer blieb. Und das ist nicht alles. Einmal bin ich zusammen mit einer Freundin in der Oper gewesen. Am Ende der Vorführung sind wir zur Garderobe, um unsere Jacken abzuholen. Neben uns standen zwei Männer, die sich ruhig unterhielten. Ich weiß nicht warum, aber plötzlich drehte sich einer von den beiden zu mir und schenkte mir einen unerfreulichen und sehr demonstrativen Zusammenstoß. Und etwas war noch grausamer, das ich hier hören musste. Ein Mann sagte mir einmal: ›Geh zu dem Müll zurück, aus dem du gekommen bist.‹«

Brasilianischer Stereotyp
Frau A. erzählt: »Ich kam zu einem meiner vielen Arbeitsplätze als Putzfrau in ein Geschäft und meine Chefin beleidigte mich rücksichtslos. Sie sagte laut vor allen, die dabei da waren, wobei es mir klar war, dass ihr Ziel war, mich anzugreifen: ›Heute habe ich eine besondere schöne Frau auf der Straße gesehen. Sie trug einen sehr kurzen Rock und lange Schaftstiefel. Sie sah wie eine Nutte aus. Ich dachte sofort, sie wäre bestimmt eine Brasilianerin.‹«

Frau B. in ihrer Studentenzeit: »In der Uni habe ich Kommentare in der Art gehört: ›Der brasilianische Typ passt nicht zu dir. Du bist nicht spontan, fröhlich, tanzt keinen Samba und trägst nicht die knappen Klamotten, die die Brasilianerinnen tragen.‹ Wir Brasilianer und der Staat Brasilien sind für diese Po- und Karneval-Stereotypen vielleicht selbst verantwortlich.«

Frau A. erzählt: »Ich bin zu einem Straßenfest an der Alster mit ein paar Bekannten und dabei war auch eine Deutsche. Sie zeigte sich sehr an der brasilianischen Musik und den Brasilianern interessiert. Bis zu dem Punkt, wo sie scharf sagte: ›Ich mag es so sehr, dass es mir egal ist, ob die Brasilianerinnen Schlampen sind oder nicht.‹«

Noch ein Scherz
Bert war in Brasilien in Urlaub. Nach seiner Rückkehr fragte ihn sein Chef:
»Na, Bert, wie war es denn in Rio?«
»Ach, in Brasilien gibt's nur Fußballspieler und Nutten!«
Der Chef: »Wussten Sie eigentlich, dass meine Frau Brasilianerin ist?«
»Oh, bei welchem Verein spielte sie denn?«

Deutsche und ihr Mitleid
Frau F. aus Berlin: »Die Familie meines deutschen Freundes hat mich zwar freundlich aufgenommen, aber nach einer Weile nutzte seine Mutter jede Chance, mich zu beleidigen. Leider habe ich nicht in einer Favela gelebt. Ich sage leider, weil ihr Lieblingsthema, wenn es um Brasilien ging, das Leben in Favelas war. Als wäre Brasilien ein einziger Slum. Allen ihren Bekannten hat sie mich als Brasilianerin vorgestellt und sofort angefangen, über ihr Lieblingsthema zu sprechen. ›Oh, arme Menschen, sie sind so arm, es gibt so viel Gewalt.‹ Als zweiten Schritt fing sie an, negative Artikel über Brasilien aus

deutschen und englischen Zeitung auszuschneiden und zu sammeln. Und wenn ich zu ihr zum Essen kam, legte sie schon vor dem Essen alle ihre schlechten Berichte auf meinen Schoß. Und um es noch schlimmer zu machen, wollte sie, dass ich sie sofort las, um mit ihr darüber zu diskutieren. Ich versuchte, diplomatisch zu sein: ›Ich lese alles später, wenn ich gemütlich zu Hause bin‹. Keine Chance. Und während ich das Essen kaute, musste ich das Unterhaltungsthema zusammen mit dem Wein schlucken. Das geschah so häufig, dass es zur Gewohnheit wurde. Irgendwann hatte ich keinen Bock mehr. Ich fragte sie, ob sie vielleicht auch etwas Positives gefunden hätte. Am Ende sagte ich meinem damaligen Freund, dass entweder er mit seiner Mutter darüber redet oder ich sehr unfreundlich zu ihr werde. Gesagt, getan. Das nächste Mal wartete ich nur auf das Signal – dass sie die heilige Mappe ihrer Wochenarbeit aufmacht – und schon kotzte ich meinen vorbereiteten Diskurs aus. Ich nahm kein Blatt vor den Mund. ›Wollen Sie über Hitler, den Nazi-Faschismus, die Gräueltaten in den KZ auch reden?‹ Tödliches Schweigen. Das Thema kam nie wieder auf den Tisch. Und nach einer Weile wurde meine Beziehung zu meinem Freund auch in die Mappe der alten Dame eingepackt.«

Herr B. P. erzählt: »Es passierte auf einer Party. Alle Deutschen, die dabei waren, waren für mich Exotik. Und ich war für sie alle auch Exotik. Ich, Schwarzer und Musiker. Aber nicht aus einer Favela. Für sie ›leider‹. Schnell habe ich bemerkt, dass sie gern über Fußballspieler sprachen. Und dass für sie alle brasilianischen Fußballspieler aus armen Familienverhältnissen kamen. Einige Deutsche sind noch paranoider.

Sie wollen unbedingt glauben, dass alle Brasilianer arm sind. Sie sagen gerne: ›Der war ein armes Kind.‹ Dass wir alle in Favelas leben, und dass wir nach Deutschland kommen, um von seinem hohem Lebensstandard zu profitieren.«

Wie die Deutschen sich definieren
B. B. lebt seit langem in Deutschland und arbeitet mit ausländischen Jugendlichen zusammen. »Die Deutschen sagen jedes Mal über jemand, der in Deutschland geboren wurde, aber dessen Vater oder Mutter oder beide Eltern aber Ausländer sind: ›Der hat Migrationshintergrund.‹ Und wir sagen jetzt über den Deutschen ohne Migrationshintergrund: ›Sie sind Biodeutsche.‹«

Wetter
Herr F. A. erzählt: »Ich kam sehr müde von der Arbeit nach Hause und bin sofort eingeschlafen. Später habe ich festgestellt, dass ich fünfzehn Stunden geschlafen habe. Danach wachte ich ohne Zeitgefühl auf. ›Wie spät ist es?‹, fragte ich mich und guckte aus dem Fenster. Die Dunkelheit draußen half mir nicht, die Uhrzeit zu bestimmen. Ist das Morgen, Mittag oder Nachmittag? Der Himmel war mit Wolken bedeckt. Die Sonne hatte sich versteckt. Nirgendwo ein einziger Sonnenstrahl zu sehen. Keine Ausnahme. So ist es regelmäßig in Deutschland. Egal ob es Winter oder Sommer ist. Und genau deswegen fühle ich mich oft depressiv. Nein, ich bin nicht depressiv. Ich fühle mich so. Wegen der Dunkelheit. Und nach vielen Jahre bin ich immer noch nicht daran gewöhnt.«

Frau E. erzählt übers Wetter. Sie lebt fast fünf Jahre hier: »In Deutschland. 15 °C im Herbst: Jacke, Pulli, Schal, dicke Socken, Stiefeln.

15 °C im Frühling: Cardigan, leichtere Hose, Ballerinas, ausgehen, um die Sonne zu genießen.

In Brasilien: Sonne tanken im ›Winterurlaub‹. 22 °C. Wir freuen uns und sitzen am Strand, alle anderen gucken, als ob wir einen an der Klatsche hätten. Gehört zur Akklimatisierung, halt.«

Neugierig
Frau D. H. sagt: »Die Deutschen lieben es, sich in fremde Angelegenheiten einzumischen, ich meine, sie mögen es, diskret und auch indiskret Menschen auszuhorchen. Sie möchten gern private Dinge von anderen wissen. Aber wenn man sie selbst etwas fragt, laufen sie weg wie der Teufel vor dem Kreuz.«

Tourismus-Buch
»Ich habe vor kurzem ein Buch über Tourismus in Brasilien bestellt, was ich bereue. Das Buch habe ich einem Freund geschenkt. Den Titel werde ich nicht nennen. Es wäre zu plump von mir«, beschwert sich Frau K. »Mein Freund hat mir später ganz vorsichtig gesagt – ich glaube, er wollte mich nicht beleidigen –, dass der Autor in jedem zweiten Paragraphen etwas Negatives über Brasilien geschrieben hätte. Ich war geschockt. Welch eine schlechte Werbung macht der Autor nicht nur für Brasilien, sondern auch für sich selbst!? Will der sein Buch verkaufen oder nicht? Und mit einem so schlechten Eindruck will doch niemand dort Urlaub machen.«

Über eine fremde Welt
Eine Schulfreundin fragte die Tochter von Frau M.: »Gibt es Asphalt in Brasilien?«

Familien-Beziehung – Geburtstag
Frau D. H. erzählt über ihre deutsche Familie: »Ich bin mit meinem Mann seit fünfzehn Jahren zusammen. Und dieses Jahr hatte mein Mann sich entschieden, seinen Geburtstag nicht zu Hause, sondern in einem Restaurant zu feiern. Wir haben seine ganze Familie eingeladen und vorher klar gemacht, dass wir nur für seine Eltern und seine Kinder bezahlen. Die anderen Erwachsenen sollten ihr Essen und ihre Getränke selbst begleichen. Das Menü kostete circa zwölf Euro pro Person. Am Ende, als wir alle gegessen und getrunken hatten, kamen die getrennten Rechnungen. Plötzlich hörte ich nur unangenehme Stimmen. Alle Verwandten meines Mannes diskutierten auf einmal laut vor allen anderen Gästen. Keiner wollte seine Rechnung bezahlen. Mir war das alles sehr unangenehm. Wie ein Strauß wollte ich meinen Kopf vergraben und verschwinden. Zu Hause habe ich geweint wie lange nicht mehr. Danach habe ich Schwägerin und Schwiegermutter angerufen und ihnen gesagt, dass ich die Nase voll habe von dieser ganzen Perfekte-Familie-Farce. Sie tun so, als ob sie eine gesunde und perfekte Familie wären. Und noch etwas. Seit einer Weile, dass ich meinen Geburtstag nicht mehr feiere, bekomme ich weder Komplimente noch Geschenke. Alles Quatsch!«

In der Uni
Frau H. erzählt: »Wir waren eine Gruppe ausländischer Studierender an der Hamburger Universität, und die einzige Deutsche unter uns hat sich geweigert, mit uns zusammenzuarbeiten, weil wie sie sagte, ihre Arbeiten würden schlechter bewertet.«

»In dem Psychologie-Gebäude, immer noch in Hamburg, fragte ich eine Professorin, wie spät es wäre. Und sie: ›Sehen Sie nicht, dass ich nicht zu meiner Uhr gucke?‹«

Synchronisierter Film
»Für Ausländer, die die deutsche Sprache nicht beherrschen, kann es ein Alptraum sein, ins Kino zu gehen«, erzählt Herr P. A. »In Brasilien werden die Filme im Original-Ton gezeigt. Wir sind schon daran gewöhnt, die Untertitel zu lesen. Hier ist alles übersetzt. Gut für die Deutschen, schlecht für uns. Weil das bedeutet: Wer nicht deutsch spricht, darf eigentlich nicht ins Kino.«

Die Deutschen sind immer noch die Herren des Krieges
Frau O., Hausfrau, klagt über deutschen schwarzen Humor: »Die Brasilianer singen gern überall: zu Haus, im Bus, auf der Straße, hauptsächlich singen sie laut, leise oder murmeln einfach nur ein bekanntes Lied.«
Ihr Mann entgegnete: »Wir Deutsche singen immer fröhliche Lieder, wenn wir in fremde Länder einmarschieren.«

Herr B. G., Journalist: »Die Deutschen werden erst dann für Demokratie sein, wenn man es ihnen befiehlt.«

Für Brasilianer laute Musik. Für Deutsche laute Geräusche
Frau B. L. erzählt: »Wir Brasilianer sind laute Menschen. Wir sprechen und lachen laut und wir hören laute Musik. Besonders wenn wir Alkohol trinken. Eines Tages bin ich zu einem Freund. Wir wollten zusammen mit zwei anderen Brasilianern Karten spielen, Musik hören, essen und Bier trinken. Für brasilianischen Standard waren wir leise, sogar diskret, nur ab und zu haben wir die Stimme ein bisschen gehoben. Oft hat einer von uns ›Pssssst, nicht so laut!‹ gesagt. Weil wir wissen, wie die Deutschen sind. Für deutschen Standard waren wir natürlich laut. Am nächsten Tag fand mein Freund einen Zettel in seinem Briefkasten. Ein Nachbar hat uns mit einem Verkäufer auf dem Fischmarkt verglichen und meinem Freund gedroht, ihm beim Hausmeister anzuzeigen.«

Nazi
Frau A. erzählt: »Meine Kinder sind in Deutschland geboren und oft verbringen sie ihre Ferien in Brasilien. Einmal fragten brasilianische Kinder meine Kinder, ob sie Nazis wären.«

Die Deutschen sind nicht perfekt
Herr P. A. aus Berlin. »Die deutsche Methode, etwas zu unternehmen, ist oft nicht perfekt und der einzige mögliche Weg. Es gibt zahlreiche andere Möglichkeiten. Aber sie glauben, alles was sie machen, wäre das Beste. Irgendwann werden sie kapieren, dass die Welt andere Formen annehmen kann. Ich beziehe das nicht nur auf eine Maschine oder eine belie-

bige Konstruktion. Ich meine Wirtschafts- und Weltordnung. Man sieht, dass Deutschland dekadent wie die USA ist, wenn man jemand wie Guido Westerwelle als deutschen Außenminister sieht.«

Körperlicher Kontakt
Frau W. aus Berlin: »In Brasilien spricht man nicht nur mit dem Mund. Man spricht auch mit Händen. Oft umarmen wir uns, küssen uns auf die Wangen und nicht selten fassen wir uns während eines Gespräches auch an. Es ist schon fast ein Muss. Und das schon ab dem ersten Kontakt! Keinen körperlichen Kontakt zu haben, bedeutet Abstand und manchmal Abneigung. Die Deutschen sind ernst und zurückhaltend. Und es dauert lange, bis man mit Deutschen eine Freundschaft aufbaut. Obwohl ich den deutschen Pass seit ewigen Zeiten habe, betrachte ich mich nicht als Deutsche. Die Deutschen erlauben das nicht. Sie finden immer einen Weg, mich daran zu erinnern, woher ich komme. Sie erwarten von uns Ausländern etwas, das nicht existiert: hundert Prozent positive Zustimmung zu allem, was wir in Deutschland erleben. Wir dürfen uns nicht beklagen. Wenn das passiert, fragen sie uns sofort: ›Woher kommst du? Warum gehst du nicht zurück nach Brasilien?‹ Sie können nicht verstehen, dass ich mich auch beschweren würde, wenn ich in Brasilien lebte. Hier habe ich studiert, bin mit einem Deutschen verheiratet, meine erwachsenen Kinder sind hier geboren. Was wollen sie mehr? Jedes Mal wenn ich mich down fühle, will ich nach Brasilien, um meine Batterien wieder aufzuladen. Dort knüpfe ich schnell ich Kontakte, Kontakte, für die ich hier mehrere Jahre brauchen würde. Dieser körper-

liche Kontakt fehlt mir oft. Ich merke, wenn ich ein bisschen mehr Kontakt suche, – mit Männern ist es noch schlimmer, sie denken, wir wollen etwas Sexuelles mit ihnen – sie nehmen es als Interesse. Sie denken: ›Was will sie von mir?‹«

Integration
Herr L. aus Frankfurt: »Die Türken leben hier in Deutschland seit dem Zweiten Weltkrieg, sie sind hier schon in dritter Generation, und die Deutschen fordern, die Türken sollen sich integrieren. Und ich frage: ›Wie bitte?‹ Wer sich integrieren muss, sind die Deutschen, die sich für fremde Kultur nicht entknoten. Ah, aber die Deutschen brauchen Zeit, sich zu öffnen. Wie lange noch werden sie brauchen, um ihre Panzer aufzubrechen? Die Ausländer müssen die Sprache lernen, geben sie vor. Und ich als Ausländer sage: ›Wenn sie tolerant und offen wären, wäre es für uns einfach, die Sprache und ihre Bräuche zu lernen und uns zu assimilieren.‹«

Deutsche beobachten. Brasilianer sind hingerissen
Frau A. aus Hamburg: »Die Deutschen sind nicht kalt. Sie reagieren bloß anders. Etwas Neues betrachten sie ruhig. Alles Fremde soll zuerst beobachtet werden. Wir sind Fremde. Sie beobachten uns immer noch. Die Türken sind Fremde. Nach drei Generationen beobachten sie sie immer noch. Wir Brasilianer werden sofort von der fremden Kultur hingerissen, sind begeistert. Wir wollen fremde Geschichte hören und davon träumen. Wir sind zu schnell entflammt. Die Deutschen und wir sind zwei Extreme. Ein Mittelweg wäre nicht schlecht.«

Witze zweier Staatschefs
Adenauer, dem deutschen Kanzler, wurde vorgeworfen, einige Tage zuvor noch einen ganz anderen Standpunkt vertreten zu haben.

»Aber es kann mich doch niemand daran hindern, jeden Tag klüger zu werden.«

Lula da Silva, dem brasilianischen Präsidenten, wurde vorgeworfen, seine Meinung oft zu ändern.

»Weder schäme ich mich, noch weniger habe ich Grund abzustreiten, dass ich meine Meinung wie eine wandelnde Metamorphose ändere, solange sich das Leben ändert.«

Lieben die Brasilianer Deutschland?

Zehn deutsche und brasilianische Stereotypen:
Brasilien ist nur Karneval und halbnackte Frauen.
Die Deutschen sind tüchtig und zielstrebig.
Alle Brasilianer können Samba tanzen.
Die deutschen Produkte sind unschlagbar. Halten ewig und sind perfekt.
Brasilianer sind faul und sexuell freizügig.
Die Deutschen arbeiten hart und trinken Unmengen Bier.
Brasilianer verbringen den ganzen Tag am Strand und trinken Caipirinha.
Die Deutschen haben keinen Humor.
Brasilien ist ein Land der ›Dritten Welt‹.
Die Deutschen sind ausländerfeindlich.

Gut integriert
Frau B: »Ich bin nicht weiß, ich bin auch nicht schwarz. Ich bin Brasilianerin. Ich lebe in keinem Latino- oder brasilianischen Ghetto. Mein Freundeskreis ist gemischt: Deutsche, Brasilianer und Latinos. Ich fühle mich in der deutschen Gesellschaft integriert, gut behandelt. Ich habe viele gute Erfahrungen gemacht. Heute bin ich manchmal nicht mehr als Ausländerin wahrzunehmen. Weil ich endlich in den Arbeitsmarkt eingestiegen bin, schätze ich, wie wichtig und fortschrittlich es ist, nicht nur sozial, sondern auch beruflich integriert zu sein.

Frau M, Historikerin erzählt: »Ich mag Deutschland sehr gerne. Ich bin integriert, habe gute Freunde und habe die deutsche Sprache gelernt. Ich fühle mich hier wohl. Aber ... Wenn mein Mann hier nicht seine Arbeitsstelle hätte, würde ich doch am liebsten in Brasilien leben und meine Ferien in Deutschland verbringen. Hier bin ich professionell nichts. Was eine Ausländerin mit Studium in Brasilien hier machen kann, ist nicht so toll. Für mich persönlich wäre es besser, in Brasilien zu leben, weil ich da Stimme und Chance hätte. Was ich an den Deutschen mag? Besonders ihren Respekt gegenüber den anderen. Sie schätzen die Rechte von anderen recht hoch. Sie überschreiten nicht das Recht der anderen, erlauben jedoch auch nicht, dass jemand ihre Rechte überschreitet. Sie sind sehr organisiert und entschlossen. Und die Pünktlichkeit schätze ich besonders.«

Liebt Deutschland, aber bleibt Brasilianerin
Frau L.: Hier lebe ich gerne seit mehr als dreißig Jahren. Ob ich es gemocht habe, deutsch zu werden? Ja. Deutschland ist meine zweite Heimat. Als ich damals Deutsche werden wollte, sollte ich die brasilianische Staatsangehörigkeit abgeben. Und das war mir zu viel, der Preis war mir zu groß. Als ob ich einen Teil meines Herzens aufgeben müsste. Heute tolerieren bestimmte Bundesländer Ausländer, die zwei Pässe haben. Für mich ist es jetzt egal. Zu spät. Vielleicht dachten die Deutschen, deutsch zu werden, wäre etwas so verdammt Gutes, dass es nicht wichtig wäre, die erste Staatsangehörigkeit zu behalten. Heute habe ich die amerikanische, ohne die brasilianische aufgeben zu müssen. Ich nenne dies ›Respekt gegenüber den anderen‹. Staatsangehörigkeit ist nicht nur ein Papier. Mit diesem Papier ist viel Pflicht, Liebe, Emotion verbunden. Und diese Gefühle kann man nicht ignorieren.«

Deutsche Freundschaft

Frau G. spricht von der Schwierigkeit, deutsche Freundschaft aufzubauen: »Die Psyche der Deutschen ist kompliziert. Man hat das Gefühl, als ob viel Verdrängtes unter der Oberfläche behalten wird. Ihre Zurückhaltung wird oft als Arroganz ausgelegt. Aber wenn tief gegraben wird, kann man zwischen den vielseitigen unterirdischen Gängen versteckte Schätze entdecken.«

Geht es, mit Deutschen zusammen zu kochen?

Frau E. kochte das erste Mal zusammen mit einer Deutschen: »Meine Schwiegereltern sind super nett und meine Schwiegermama (A.) in spe und ich entschieden uns, gemeinsam zu kochen. Ich hatte ihnen schon unsere Feijão (Bohne) vorgestellt und sie waren begeistert. So war es Zeit, etwas Deutsches zu kochen. Dafür brauchten wir Frühlingszwiebeln. Ich fing an sie zu schneiden, die grünen Spitzen natürlich. A. schaute mich verwirrt an und fragte, warum ich das Grüne abschneide, das wäre doch Abfall? Ich sagte, in meiner Familie essen wir das Grüne und nicht das Weiße. Sie guckte noch erstaunt, wir lachten beide und entschieden uns, dass von jetzt an alles verwertet wird.«

Gut angenommen in deutscher Familie

Frau B.: »Über die Familie meines Mannes kann ich mich nicht beschweren. Ich fühlte mich nie verlassen. Wir sind sehr gut miteinander ausgekommen. Ich wurde mit offenen Armen angenommen. Sie halfen mir viel bei meiner Anpassung an die deutsche Gesellschaft und bei der Erziehung meiner Tochter.«

Warmes Bier

Herr C. erzählt über seine Liebe zum Bier: »Ja, ich mag Bier sehr gerne. Und in Brasilien gibt es die Gewohnheit, freitags nach der Arbeit ein Braut-Schleier-Bier (ein dermaßen kaltes Bier, dass die Flasche weiß wird) mit Arbeitskollegen zu genießen. Und hier wird das Bier in Zimmertemperatur getrunken. Ich war erstaunt, als ich in Deutschland ankam. Das Bier-Land und man trinkt es warm?! Undenkbar! Mit der Zeit gewöhnt man sich aber daran. Wenn ich in Brasilien bin, dann nur sehr kaltes Bier. Und in Deutschland, wie die Deutschen hier es trinken.«

Sirene

»Ich komme aus São Paulo, einer gigantischen Metropole mit Millionen Autos«, erklärt Herr W., der nur vorübergehend in Deutschland ist. »Ich weiß, dass man sich da unter ständigem Druck befindet. Speziell, wenn man früh aufstehen und zur Arbeit muss wie ich. Der Verkehr ist nicht chaotisch in dem Sinne, dass er unorganisiert wäre. Das Problem ist das Volumen des Verkehrs in alle Richtungen. Wenn eine Ambulanz oder ein Polizeiwagen kommt, merkt man, dass alles regellos wird. Man weiß nicht wohin. In Deutschland aber muss ich meinen Hut abnehmen. Jedes Mal bewundere ich, wie die Autos sich nach links und nach rechts sofort ordnen, um den Weg in der Mitte der Straße in aller Ruhe frei zu machen.«

Friedhof

Herr G. B. erzählt: »Brasilien ist ein katholisches Land

und alle katholischen Länder haben diese ähnliche Friedhof-Charakteristik. Die Gräber sind groß und sehr nah beieinander, es gibt kaum Platz, um zwischen ihnen zu gehen. Und weil sie groß sind, hat man den Eindruck, als wären alle fast aufeinander. Es sieht chaotisch aus. Die deutschen protestantischen Friedhöfe sind größer und haben viel Grün. Nur die Steine am Kopf der Gräber sind augenfällig. Die riesigen Mausoleen, die ab und zu sichtbar sind, helfen die Monotonie der Friedhöfe zu unterbrechen. Und selbstverständlich die vielen Blumen, besonders die Hortensia. Deswegen mag ich die deutschen Begräbnisstätten sehr gern. Als lebendes Wesen finde ich dort Frieden. Deswegen gehe ich oft dort einfach spazieren, um mich mit mir selbst zu treffen.«

Tanzen
Herr E. P., Musiker: »Die Deutschen können nicht gut tanzen, trotzdem tanzen sie. Und sie machen das in einer besonderen Art und Weise. Unkoordiniert bewegen sie ihr Skelett. Beine und Arme fliegen in einem Rhythmus, den nur sie hören. Die Musik geht in eine Richtung, die deutschen Tänzer gehen in eine andere. Aber es scheint für sie egal zu sein. Hauptsächlich sie tanzen.«

Flirten
Frau L. aus Frankfurt: »Was ich in Deutschland vermisse? Flirten. Hier auf der Straße zu flirten ist etwas Besonderes. Eigentlich etwas, was mir nie passiert ist. Die Deutschen trauen sich nicht. Schade!«

In einer Schlange
Herr A. aus Hamburg: »Ich kann nicht die Deutschen mit Brasilianern vergleichen, wenn sie in einer Schlange stehen. Die Deutschen bleiben ruhig, sie warten, bis sie dran sind. Sie bejammern das Warten nicht. Sie sind überzeugt, wenn sie dran sind, wird der Verkäufer oder der Beamte sich Zeit für sie nehmen. In Brasilien stürmen alle zusammen. Vor allem wenn man ›nur‹ eine Information möchte. Dann sprechen alle zur gleichen Zeit. Schrecklich!«

Öffentlicher Verkehr
Herr F. aus Hamburg: » Der öffentliche Verkehr von Bussen und U-Bahnen, die pünktlich sind, hat mich in Deutschland beeindruckt. Die Uhrzeiten, die auf den Tabellen stehen, werden eingehalten. Verspätungen gibt es nur als Ausnahme, wenn ein Unfall oder etwas Besonderes passiert ist. Sonst sind sie immer zeitig.«

Wochenmarkt
Frau P, Hausfrau in Potsdam: »Ich finde die Wochenmärkte in Deutschland besonders sauber. Es ist egal, wann man dorthin geht, es ist sauber und organisiert. Sie bauen keine provisorischen Buden, sondern haben Wohnwagen, die die Verkäufer aufmachen und so ihre Waren verkaufen.«

Die Stille
Herr C., Poet: »Was ich hier am meisten mag? Die Ruhe, die Stille. Ich liebe es. Die ist dicht und greifbar.«

Mein Lieber Herr Mann!

Eine Brasilianerin in Deutschland erzählt.

Helena, eine junge Frau aus Brasilien, kommt mit Hilfe einer deutschen Familie nach Deutschland.
Im Altenheim lernt sie einen alten Mann kennen. Sie entdeckt, dass zwischen ihnen eine geheimnisvolle Verbindung besteht.

ISBN 978-3-8423-6264-2, Paperback, 224 S.

Welch ein Wurm!?

Glória Leite

Was sind Politiker anderes als Zweibeiner mit menschlichem Aussehen und dem Charakter eines Wurms?

ISBN 978-3-8370-0275-1, Paperback, 148 S.

Glaubst du am Politik?

Theater Stuck

Die fünf Freunde treffen sich regelmäßig, um zu spielen und zu kiffen. Angela, Gerhard und Fritz kommen an diesem Wochenende. Leider sagen Joschka und Rudolf ab, da der eine laufen muss und der andere mit seiner Freundin ins Schwimmbad gehen will.

ISBN 978-3-8391-5291-1, Paperback, 108 S.

Sou um verme. Mas quem não é?!
Sátira Política

O que são alguns políticos se não bípedes com aparência humana e caráter de verme?!

A história se passa na América do Sul e conta a vida de um verme – Joselito Paraíso – que se torna político.

ISBN 978-3-7357-2574-5, Paperback, 128 S.